クルマで行く
日帰り山あるき
【関東周辺】

谷川岳

JN011587

中田真二

ブルーガイド　山旅ブックス

クルマで行く
日帰り山あるき
関東周辺
もくじ

蛭ヶ岳から眺める檜洞丸

サクラ越しに見える表尾根

立ち枯れした丹沢の大木

沼津アルプス　香貫山のモニュメントと富士山

本書をご覧になる方へ

●コースの難易について

〈レベル〉

初級…初心者が安心して歩ける
　　　　コース

中級…ある程度の経験が必要だ
　　　　が、とくに危険の要素の
　　　　ないコース

上級…1日の歩程が長く、急な登
　　　　降などで体力を必要とす
　　　　るコース

〈体力度〉

★☆☆…歩行時間が3時間以内

★★☆…歩行時間が3時間〜6
　　　　　時間程度

★★★…歩行時間が6時間以上

〈技術度〉

★☆☆…道標が完備し、登山道
　　　　　が明瞭なコース

★★☆…登山道は明瞭だが、一
　　　　　部にクサリやハシゴな
　　　　　どがあるコース

★★★…天候の激しい変化や岩
　　　　　場などの難所があり登
　　　　　山経験が必要なコース

●標高

　コース名の山頂標高、または
コース上の最高点を示していま
す。

●歩行時間

　全行程のコースポイント間参
考タイムの合計です(休憩時間
は含まず)。

●最大標高差

　コースの起点(または最低地
点)と最高地点との標高差です。

●1/2.5万地形図

　紹介コースに関連した国土地
理院発行の25,000分の1地形図
の図幅名。

●登山適期の12ヶ月カレンダー

　■■■…ベストシーズン

　■■■…十分楽しめるシーズン

　■■■…避けたいシーズン

　■■■…花の見ごろ

　■■■…紅葉の見ごろ

　■■■…積雪のある時期

●アクセスについて

　登山口最寄りの利用ICからの
主要な経路とおおよその距離を
記しています。また、登山口付近
の駐車場情報なども記載してい
ます。

●地図と高低図のコースタイム

　コースポイント間の歩行参考
タイムです。経験・体力・体調・
天候・同行人数により変わりま
すので、余裕をもった計画を立
ててお出かけください。

●高低図と「高さ強調」

　高低図はコースの起伏をグラ
フにしたもので、高さを強調し
てあります。「高さ強調2.5倍」と
は、水平距離(横軸)に対し高さ
(縦軸)を2.5倍にして、勾配を強
調したことを意味します。

◎地図で使用した主なマーク

P　……　駐車場

⊕　……　バス停

━━━━　……　紹介した山歩きコース

----　……　エスケープルートあるい
　　　　　　はバリエーションルート

40→　……　(本文でガイドしたコースの)
　　　　　　コースポイント間の歩行タイム

15→　……　(本文でガイドしたもの
　　　　　　とは逆コースの)コース
　　　　　　ポイント間の歩行タイム

宁　……　コース標識

㊅　……　水場

WC　……　トイレ

休　……　休憩ポイント

㊙　……　花のみどころ

㊟　……　紅葉のみどころ

㊍　……　名木、巨木

㊌　……　滝(名瀑)

㊏　……　古寺

㊑　……　古社

♨　……　立ち寄り湯

✳　……　展望のいい場所

■本書に記載した交通機関の情報
は、2024年4月現在のものです。交
通機関、店舗等の営業形態や対応
が予告なく大きく変わる可能性があ
ります。必ず事前にご確認の上でご
利用ください。

長野

松本
松本IC
塩尻IC
塩尻
岡谷
岡谷JCT
諏訪湖
諏訪
茅野
中央自動車道
伊北IC
伊那IC
伊那
駒ヶ岳
駒ヶ根IC
駒ガ根

佐久臼田IC
佐久穂IC
佐久
八千穂高原IC
小海線

荒船山
上信越自動車道
下仁田IC
富岡IC
富岡
吉井IC
富岡
藤岡IC

埼玉
秩父鉄道
秩父

299

32 両神山 136

140 秩父御岳山 33

100 天狗岳 23
108 赤岳 25
104 権現岳 24
諏訪南IC

116 入笠山 27

20 雁坂峠・雁坂嶺 88

64 川苔山 14

小淵沢IC

92 瑞牆山 21

80 国師ヶ岳・金峰山 18

60 御岳山・日の出山 13
56 大岳山 12

84 乾徳山 19
22 茅ヶ岳 96

76 大菩薩嶺 17

68 三頭山 15

須玉IC

韮崎

甲府

山梨

72 岩殿山 16
大月JCT
大月
上野原IC
中央本線

中央自動車道

北岳

南アルプスIC
一宮御坂IC
勝沼IC
甲府南IC

富士急行
都留

28 檜洞丸 5
36 大室山 7

塩見岳
124 櫛形山 29
増穂IC
六郷IC

32 畦ヶ丸 6
富士112 菰釣山 26

16・20 塔ノ岳 2 3
24 鍋割山 4

松川IC

赤石岳

中富IC

300

河口湖IC
富士山

40 シダンゴ山・宮地山 8

飯田

下部温泉早川IC
身延線

富士山

新御殿場IC
御殿場

御殿場線
新秦野IC
小田原

120 七面山 28
南部IC
身延山IC

富沢IC

富士山

富士宮

新富士IC

静岡

中部横断道

新清水IC

新東名高速道路

新静岡

富士IC
富士

箱根駒ヶ岳・神山

長泉沼津IC
裾野IC
沼津IC

沼津
三島
熱海

伊東線
伊東

11 沼津アルプス 52

静岡
峰岡IC

焼津IC
焼津

清水

駿 河 湾

10 天城山 48

索引地図②

索引地図①

4

5

索引地図❷

索引地図①

新潟

中之島見附IC
見附
長岡JCT
栃尾
長岡
町田IC
長岡IC
柏崎
6
117
米山IC
柏崎IC
小千谷IC
小出
堀之内IC
小出IC
大和SIC
朝日岳
253
十日町
六日町IC
塩沢石打IC
上越IC
湯沢IC
148 尾瀬ヶ原・尾瀬沼 35
上越
上越高田IC
34 谷川岳 144
160 鬼怒沼湿原 38
新井
中郷IC
上越線
妙高山
156 日光白根山 37
妙高高原IC
豊田飯山IC
飯山
信濃町IC
水上IC
黒姫山
中野
信州中野IC
292
月夜野IC
長野
須坂
草津白根山
沼田IC
須坂長野東IC
本白根山
沼田
406
昭和IC
長野IC
赤城IC
千曲
更埴IC
坂城IC
上田菅平IC
吾妻線
渋川伊香保IC
渋川
144
上越新幹線
上田
小諸IC
浅間山
群馬
18
小諸
北陸新幹線
松井田妙義IC
前橋IC
前橋
北関東自動車道
桐生
佐久IC
高崎
信越本線
安中
両毛線
50
佐久南IC
碓氷軽井沢IC
富岡IC
藤岡IC
伊勢崎
長野
佐久臼田IC
富岡
吉井IC
本庄
佐久穂IC
下仁田IC
本庄児玉IC
熊谷
八千穂高原IC
小海線
埼玉
岡谷
諏訪
100 天狗岳 23
299
32 両神山 136
嵐山小川IC
東松山IC

福島

会津線

西会津IC　会津若松IC
会津坂下IC
会津若松　磐梯河東IC
只見線　磐梯山　猪苗代
　　　　磐梯高原IC　磐梯熱海IC
猪苗代湖　磐越自動車道　本宮IC
磐越西線　郡山JCT
郡山　船引三春IC
郡山IC
郡山南IC
須賀川　須賀川IC　小野IC
磐越東線
矢吹IC
いわき三和IC
白河IC　白河中央SIC
164 那須岳39▲　白河
那須高原SIC
那須IC
黒磯板室IC　黒磯
西那須野塩原IC
大田原
那珂川　北茨城IC　北茨城
野岩鉄道
矢坂IC　矢板　172 奥久慈男体山41▲　高萩IC　高萩
日光　今市　大子　日立IC
52 鳴虫山36　日光宇都宮道路　水郡線　日立中央IC
日光線　宇都宮IC　日立
東武日光線　鹿沼
栃木　鹿沼IC　常陸太田
宇都宮　日立南太田IC
栃木IC　宇都宮上三川IC　那珂IC
真岡IC　水戸IC
東北自動車道　真岡　ひたちなか
足利IC　佐野田沼IC　桜川筑西IC　ひたち海浜公園IC
足利　栃木　笠間　ひたちなかIC
佐野藤岡IC　小山　下館　笠間西IC　水戸
茨城　友部IC　水戸大洗IC
結城　笠間IC　茨城町東IC　水戸南IC
岩間IC　茨城町西IC　茨城町東IC
40 筑波山168▲　茨城空港北IC
館林IC　古河
羽生IC　下妻　千代田石岡IC
つくば　石岡　鉾田IC
行田　土浦北IC
久喜　境古河IC　常磐線
坂東IC　つくば中央IC　桜土浦IC
久喜IC　五霞IC　常総IC　谷田部IC　土浦
霞ヶ浦　北浦

0　　25　　50km

N

7

赤岳越しに見る富士山

奥久慈男体山新緑	奥久慈男体山紅葉
塔ノ岳山頂	愛くるしい七面山のシカのファミリー	日光澤温泉を右下に眺めなら鬼怒沼湿原に向かう

那須岳

大山山頂雨降木	丹沢山塊の巨木

櫛形山のコオニユリ	大山山域のミツマタ	瑞牆山のシャクナゲ

クルマで登山に向かうときに心掛けたいこと

無事帰宅までが
山との約束

東名高速道路から見える富士山

クルマ利用で登山のスタイルが変わる

　林道などの整備が進み、かなり山深いエリアまでクルマで行けるようになった。1日に数本しかバス便がないような場所や、バス停から延々林道を歩いて行かなければ登山口に到達できない山域でも気軽に行けるようになったことは、クルマを利用する登山者にはとてもありがたいことだ。

　しかし、自然環境にとってはありがたくない存在であることは事実。我々マイカー登山者にできることはエンジンの回転数を上げず、スピードを控えめにして走ることくらいしかない。

　グループ登山の場合は、できるだけ相乗りをして台数を減らすように気を付けたい。途中で登山口やバス停まで歩いている人を見かけたら、ピックアップして同乗を促すくらいの心配りもしたい。

　北関東の山道でガス欠で止まっていたクルマを見たことがある。運転している男性が「JAFを呼んだけど、到着まで2時間かかる」と、途方に暮れていたというよりも怒っていた。自分勝手過ぎないか。故障なら仕方ないかもしれないが、ガス欠は運転者の責任。このとき、自分は彼らが登る山と同じ登山口に向かう途中だったため、運転者1人を残して3人をピックアップ

したのだが、こういうことは意外に多い。体調を整えること、忘れ物のないように準備するのは当たり前のことだが、登山者の体調管理と同じように交通手段であるクルマのメンテナンスを怠らないようにするのは運転者の責務であることは肝に銘じておきたい。

クルマで行くことのメリット

　クルマで行くことの最大のメリットは登山口が多少遠くても、最寄り駅からのバス便が少なくても足を延ばせること。マイカーなら自宅の延長線上にいる感覚で移動中もリラックスできるのも魅力の一つ。

　クルマだと行動範囲が広くなり、途中で目的の山を変更することもできる。登山口やその近くに駐車場のある山域も多く、ドア・ツー・ドアで登山できるのが最大のメリットといえる。さらに下山後に近くの温泉施設を利用して着替えて帰宅することもできる。

　しかし、天気のいい休日には、本書で掲載した山の登山口の駐車場は前夜から混むことがある。車内で仮眠する人が多いからだ。登り始める前に運転の疲れを軽減しておくことは、マイカー登山の場合はとても重要なこと。運転で疲

駐車場は千差万別。区画されたところ・されていないところ、舗装済み・未舗装、広い・狭い…。また、道中はカーブが多かったり、狭いところも多い

労した体を少しでも休める必要がある。だが、そうした行動が取れるのはソロか気心の知れた山仲間との登山に限られるかもしれない。

　グループの場合、効率を考えれば移動に使うクルマの台数は少ないほうがいい。さらに、運転する人間が1人しかいないような場合は、運転する人が登山口でリラックスできるようなスケジュールを組むことが大切。また1台で出かけるにしてもメンバーの中にセカンドドライバーがいるほうがファーストドライバーの疲れは軽減される。

　マイカーの場合は、普段からクルマのメンテナンスを怠らないようにしよう。タイヤの空気圧のチェックやエンジンオイルの状態、ブレーキの緩みなどだ。登山する場合はガソリンを満タンにすることを忘れないように。行きがけにガソリンスタンドに立ち寄るつもりでも、おいそれと見つかるとは限らない。運よく見つけられても営業時間外という可能性もある。登山口の駐車場では必ずタイヤ止めを使用しよう。傾斜のある駐車場も多いからだ。

■ クルマで行くことのデメリット

　机上では登山口までの走行時間を計算することができるが、出かける当日の天候や交通状況によっては予定した走行時間よりも多くかかることがある。とくに高速道路上で事故が発生した場合、予定した時刻に登山口に到着できるかどうかはわからない。つまり、渋滞などの混雑状況によってはその日の登山を諦めなくてはならない状態になることもある。これが最大のデメリット。

　筆者もそうした状況に巻き込まれたことは数限りなくある。その場合は高速道路での移動を諦めて、下りることのできるICから一般道に入り目的地まで行くか、そのICから近い山に登るか、あるいは下道を戻ってドライブを楽しみながら帰宅するかの3択から気分で決めることにしている。

　しかし、ほとんどの場合は帰宅を選択する。自分にとって山に登るということは仕事なので、再チャレンジしなければならない。焦って行動するといいことはない。実例として、事故渋滞で下りたICからの国道は当然の大渋滞。カーナビを見ながら走行した裏道で渋滞に突入。結局、地元スーパーマーケットの駐車場にクルマを入れ、甲州名物の食品を購入。併設されたカフェで少し時間を潰して帰宅したことがある。帰路の時間帯が早かったため、スムーズに帰宅できたのだが、経験を積み重ねた結果、遅くとも夜明け前には目指す駐車場に到着できるようなスケジュールを組んでいる。

11

1 塔ノ岳への登山口として知られる ヤビツ峠からアプローチ

初級

大山
おおやま

標高	1252m
歩行時間	2時間15分
最大標高差	491m
体力度	★☆☆
技術度	★☆☆

1/2.5万 地形図	大山

登山適期と コースの魅力

1月	2月	3月	4月	5月	6月	7月	8月	9月	10月	11月	12月
積雪期			新緑		梅雨		夏山			紅葉	晩秋

エイザンスミレ　ヤマザクラ　　　　シロヤシオ　　　　　　フジアザミ　　　　リュウノウギク
　　　　　ツルキンバイ　　　トウゴクミツバツツジ　　　　　　　　　　ヤマトリカブト

展望 ヤビツ峠から大山に向かうイタツミ尾根は樹木に囲まれているが、富士山の展望がいい。
花 5月〜6月にはトウゴクミツバツツジ、足元にはタチツボスミレなどが咲く。
紅葉 大山の紅葉は例年11月初旬から色づき始め、中旬〜下旬に見頃を迎える。

🌸 イタツミ尾根の春は明るく暖かさを感じる。
☀ 勾配は比較的ゆるいが、ゆっくり登ること。
🍁 紅葉を楽しみながら登ることができる。
❄ 積雪のためスタート地点のヤビツ峠までクルマで行けないことがあるので事前確認が必要。

バス停と駐車場、トイレのあるヤビツ峠

アクセス

東名高速道路 秦野中井IC → 県道71・704号線 16km → ヤビツ峠 → 2時間15分 → ヤビツ峠 → 県道704・71号線 16km → 秦野中井IC 東名高速道路

東名高速道路秦野中井ICから県道71号線を走行。落合でヤビツ峠の看板に従って県道に入る。カーブの多い山岳道路で、ヤビツ峠に向かうバス道でもある。無理な追い越しはしないこと。さらに最近は自転車でヤビツ峠まで登る人が多くなったので、脇見運転には要注意。ヤビツ峠の駐車場が満車の場合は、その先の菩提峠に駐車しよう。

コースガイド

穴場的な ヤビツ峠が出発点

　公共交通機関でアプローチしようとする登山者の多くは、便数が多く、選択の幅が広い伊勢原駅から大山ケーブル経由を選ぶ。秦野駅からヤビツ峠へ向かうバスは午前中に平日はただ1便、土休日には4便になるが、いずれにしても圧倒的にクルマでのアプローチが便利。しかも山頂までの歩行時間も、大山ケーブルを利用した場合でさえ、約3分の2ほどと短いから、クルマ派にはありがたい。

　ヤビツ峠❶にクルマを停めて、塔ノ岳へ向かう登山客と分かれ、バス停裏手の階段登りから山歩きが始まる。準備体操とトイレを済ませてから登り始めよう。階段を登ったとこ

ヤビツ峠で準備体操をしたら樹林帯に延びる道を進む

上:イタツミ尾根は軽い登りが続く。
横:イタツミ尾根の終盤は軽く登る

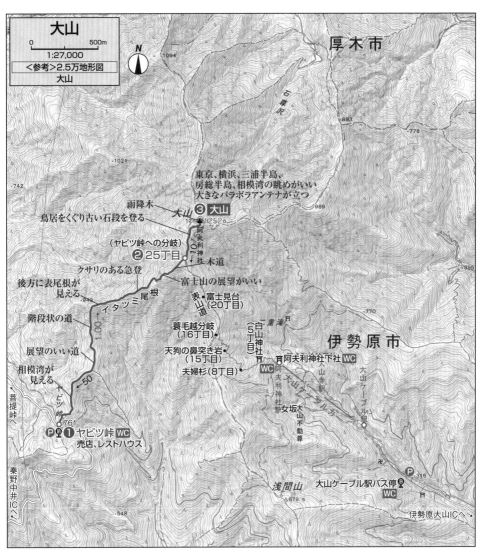

大山

1:27,000

<参考>2.5万地形図
大山

0　　　500m

N

厚木市

・1094

石畑沢

・893

・778

・1021

・742

東京、横浜、三浦半島、
房総半島、相模湾の眺めがいい
大きなパラボラアンテナが立つ

・989

雨降木　　大山　❸大山

鳥居をくぐり古い石段を登る

（ヤビツ峠への分岐）
❷25丁目

・895

木道

クサリのある急登

富士山の展望がいい

後方に表尾根が
見える

・849

イタツミ尾根

表・富士見台
（20丁目）

蓑毛越分岐
（16丁目）

天狗の鼻突き岩
（15丁目）

夫婦杉（8丁目）

白山神社
5丁目

二重滝

・770

伊勢原市

・895

階段状の道

展望のいい道

相模湾が
見える

菩提峠へ

ヤビツ峠

・761

P　❶ヤビツ峠　WC
売店、レストハウス

秦野中井
ICへ

・548

阿夫利神社下社　WC

WC

女坂　大山不動尊

大山ケーブル駅

大山ケーブル駅バス停

浅間山
△679.5

・315

大山ケーブル駅バス停　WC

伊勢原大山ICへ

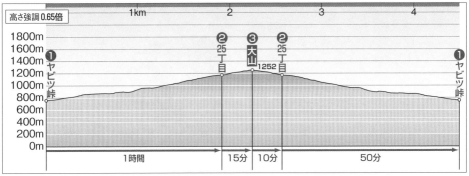

高さ強調 0.65倍

1km　　　2　　　3　　　4

1800m
1600m
1400m
1200m
1000m
800m
600m
400m
200m
0m

❶ヤビツ峠

❷25丁目

❸大山
1252

❷25丁目

❶ヤビツ峠

1時間　　15分　10分　　50分

①明るい尾根道を歩くようになると大山まではあとわずか。②この鳥居をくぐれば大山の神域に入ることになる。③石の灯籠が左に見えたら、その先の石段を登る。そこが大山山頂だ。登山客に混じり、信者の姿も確認できる。④大山山頂の南端に立つ「雨降木」と命名されたブナの大木。この木に露が滴っていたことから「雨降山」ともいわれるようになったといわれている

ろが広場になっている。ここにはかつて営業小屋があって、おおいににぎわったというが、今はその面影はみじんも感じられない。しかし靴ひものゆるみやバックパックの調整をするには好都合といえる。

整備されていて
歩きやすい登山道が続く

登山道にかかるとササが茂るものの、下刈りされていて、歩きやすいはずだ。右手の樹木の間から、陽光にキラキラ照らされた相模湾が見えてくる。土砂の流失止めを兼ねた丸太の階段を登るようになると、少し勾配がきつくなるので、立ち休みを繰り返しながら、呼吸にリズムを合わせて登っていくようにするといい。

この登りで、高度を稼ぐことになる。階段登りから足元が土の道に変わると上空が開け、後方に富士山が見えてくる。足裏の土の感触が心地いい。大山コース1の看板が立っているところにベンチがある。ここが最初の休憩

ポイント。水分を補給したら、体が冷えないうちに出発するようにしよう。

広い尾根道を進んでいくと、手摺り代わりのクサリが張られた岩場に差し掛かる。目の前に現れると一瞬ひるむが、危険はないので、落ち着いてゆっくりクリアすればいい。その後も比較的広々とした尾根道を進んでいく。後方の富士山の姿がますます大きくなり、応援してくれているようだ。

丸太の階段から木道に入ると、少しずつ上空が開けてくる。振り向くと、表尾根の上に大きな富士山が見えている。ここは屈指の撮

広く明るい大山山頂。奥の院の前辺りが休憩ポイントのつ

⑤山頂から眺める相模湾と相模平野。空気が澄んだ日なら江の島も見える。⑥山頂の売店前から眺める富士山。御利益がありそうだ。⑦山頂に立つ大山のシンボルともいえる雨降木

登り着いた山頂は広々としているが、奥の院の前とその一段下が休憩ポイントになっている。不定休ながら茶店もあるので、営業していれば立ち寄ってみるのもいい。また、南側に立っているご神木の「雨降木」も見もの。その後ろには相模湾の大海原が広がり、すっきりと晴れていれば遠く東京都心部や横浜、三浦半島、伊豆半島方面なども眺められる。下山にかかる時間を考えながら、山頂での充実した時間を思う存分満喫したい。

帰りは来た道を戻る。25丁目の分岐で、右手に進むことを忘れないように。

影ポイントだ。先を急いでいると通過してしまう危険もあるので、あらかじめ頭に入れておきたい。眺めを堪能してからわずかに進むと、大山ケーブル駅から登ってくる表参道と合流する。ここが**25丁目❷**だ。

表参道と合流すると、登山者が急激に増える

25丁目から左へ進む。ほぼ直線的に登る道だ。距離的には200mほどとそれほど長いわけではないが、最初は岩が転がり、歩きにくい。足元を確認しながら、できるだけ岩の部分を避け、土の部分に足場を確保しながら登るようにする。ここをクリアすると26丁目。補修された道をさらに進み、鳥居をくぐる。左手に見える富士山に気をとられ、足元への注意を忘れないようにしながら登ると、大きく右にカーブする。二つ目の鳥居をくぐると、左に小さな建物が見えてくる。その先が目指してきた**大山❸**の山頂で、それほどの苦労もなく、山頂に着く達成感が味わえるはずだ。

東名・新東名

大山

ヤビツ峠

ヤビツ峠は大山や塔ノ岳の登山口だが、自転車で訪れる人も多いので運転には要注意。トイレのほか、売店とレストハウスがあり、多くの登山者、サイクリストに利用されている。

💧 **水場** ヤビツ峠から塔ノ岳に向かう途中、徒歩30分ほどの場所に護摩屋敷の水という水場があるが、生での飲用は避けて煮沸すること。

🚻 **トイレ** ヤビツ峠、大山山頂にある。

●問合せ先
伊勢原市観光協会 ☎0463-73-7373
阿夫利神社 ☎0463-95-2006

2 | 大倉から大倉尾根をピストンする定番コース

初・中級

とうのだけ（おおくらおね）

塔ノ岳（大倉尾根）

標高	1491m
歩行時間	6時間
最大標高差	1200m
体力度	★★☆
技術度	★☆☆

1/2.5万 地形図　大山・秦野

登山適期とコースの魅力

1月	2月	3月	4月	5月	6月	7月	8月	9月	10月	11月	12月
積雪期	残雪		新緑		梅雨		夏山		秋山	晩秋	

アセビ　　　　　　マムシグサ　シロヤシオ　ホタルブクロ　　シモツケソウ　紅葉
マメザクラ　　　　トウゴクミツバツツジ　　　　アカショウマ

展望　大倉尾根の展望が開けるのは花立山荘の手前辺りから。山頂は申し分のない展望。
花　3月の後半に入るとスミレ種の花や、ハハコグサ、シャガなどが足元を染める。
紅葉　10月中旬頃から山頂の紅葉が始まり、11月中旬頃にピークを迎える。

春　新緑が美しい表尾根だが、その頃はまだ冷たい風が吹くこともあるので注意しよう。
夏　樹林帯のなかは暑い。ヒルにも注意が必要。
秋　日没の時間を調べて下山時刻を調整する。
冬　積雪がなければ登れるが、厳冬期に登るなら軽アイゼンは必携。

秦野丹沢スマートICから大倉は10分ほど

アクセス

新東名高速道路秦野丹沢スマートIC ─ 県道705・706号線 3km ─ 大倉の駐車場 ─ 6時間 ─ 大倉の駐車場 ─ 県道706・705号線 3km ─ 新東名高速道路秦野丹沢スマートIC

新東名高速道路秦野丹沢スマートICを利用すると、塔ノ岳や鍋割山の登山口になる大倉まで10分ほどだが、大倉にある県立秦野公園や周辺の観光農園を訪れる人が急増。そのため、早朝に到着するようなスケジュールを組むこと。

東名高速道路秦野中井ICを利用した場合はICから県道、国道246号、県道を走行して25分。大倉の駐車場は有料。

コースガイド
丹沢山塊の玄関口に立つ

奥の深い丹沢山塊を縦走する際の拠点になる塔ノ岳。ここからさらに丹沢山や蛭ヶ岳を経て、西丹沢自然教室に下山するコースや、蛭ヶ岳、大室山方面を経由、道志側に下りるコースなど、丹沢の魅力を存分に味わうための入口の山といえる。

大倉①から塔ノ岳へと向かう尾根道は、通称「バカ尾根」とも呼ばれる。だらだらとした登りが長く続き、変化にも乏しいことからこのようなありがたくない呼ばれ方をするが、山の経験が豊富な人たちのそうした呼び方に惑わされることなく、謙虚な気持ちで登っていこう。歩行時間が長いことだけでも初心者

左：木漏れ日が心地いい大倉尾根。右：堀山手前の駒止茶屋

には厳しいが、さらに奥を目指す人々にとっては、格好のウォーミングアップの区間ということもできる。

山の先へ踏み出したくなる気持ちも芽生えるかもしれないが、今回は、クルマ利用ということもあり、当初の登山計画は遵守すること。悪天候などでの撤退の場合は除いて、計画の途中での変更は、思わぬ事故につながりかねない危険な行為ということを覚えておきたい。丹沢山方面へ足を延ばすのは、改めて

①花立山荘に向かう階段から眺める相模湾から伊豆、箱根方面の展望。②塔ノ岳山頂まではあと少し。開放的なロケーションを楽しみながら進もう。③大倉尾根の終盤は階段登りが多くなる。焦らずにゆっくり登ることに専念しよう。④山頂手前で富士山が確認できた。疲れを忘れさせてくれるロケーションだ。⑤塔ノ岳山頂。憧れの頂だ。ここに建つ尊仏山荘は年中無休。館内でいただくコーヒーが疲れを癒してくれる

しっかりと計画を立ててからにしよう。

丹沢縦走は
日を改めて挑戦しよう

　大倉から鍋割山（なべわりやま）へ向かう人たちを横目に、まっすぐ正面に延びる登山道に入っていく。民宿や民家が建ち並ぶエリアを過ぎると、しばらくは簡易舗装の道を歩く。陶芸の大きな窯の脇を抜けた辺りから山道になるが、まだ体が慣れていないはず。焦らずにゆっくりと歩くことを心がけよう。

　観音茶屋を過ぎると分岐点に出る。どちらを選択してもいいが、右に登ったほうが、若干時間を稼げるようだ。杉並木がきれいな登山道を進むと、ほどなく**雑事場ノ平（ぞうじばのたいら）❷**に着く。正面には見晴茶屋が建っている。

　雑事場ノ平で最初の休憩をとった後は、岩が転がる道をわずかに登り、階段を進む。さらに石が敷き詰められたような道を抜けると、比較的平坦な尾根道になる。大倉尾根は、かつては整備の手がそれほど入っていない、歩きにくい道だったが、近年は整備が進み、以前とは比べ物にならないほど歩きやすくなってはいる。それでも昔ながらの木道や階段道が残っている区間は多く、そうした場所では気を抜くことはできない。

要所に点在する小屋を
上手に利用する

　慎重に歩を進めていくと、要所に小屋が点在している。ただし、必ず営業しているわけではないので、頼りにしすぎないこと。営業

> 💧 **水場**　大倉から大倉尾根を登り始めて10分ほどの場所に「水飲み場」と命名された水場がある。また、塔ノ岳山頂から西へ15分歩いた箇所に「不動の清水」がある。
> 🚻 **トイレ**　スタート地点の大倉、観音茶屋、見晴茶屋（要確認）、花立山荘、尊仏山荘にある。
>
> ●問合せ先
> 秦野市役所観光課 ☎0463-82-9648
> 花立山荘 ☎0463-82-6192
> 尊仏山荘 ☎070-2796-5270

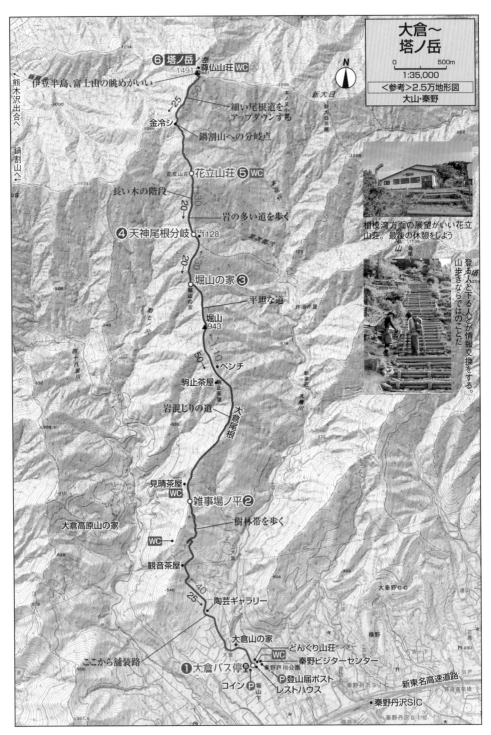

大倉～
塔ノ岳

1:35,000
0　　　　500m

〈参考〉2.5万地形図
大山・秦野

⑥塔ノ岳 岳
1491　尊仏山荘 WC

伊豆半島、富士山の眺めがいい

熊木沢出合へ

鍋割山へ

細い尾根道を
アップダウンする

金冷シ

鍋割山への分岐点

花立山荘 **⑤** WC

長い木の階段

岩の多い道を歩く

④天神尾根分岐 1128

相模湾方面の展望がいい花立
山荘。最後の休憩をしよう

堀山の家③

平坦な道

堀山
943

ベンチ

登る人と下る人とが情報交換をする。
山歩きならではのことだ

駒止茶屋

岩混じりの道

大倉尾根

見晴茶屋
WC

雑事場ノ平②

樹林帯を歩く

WC

大倉高原山の家

観音茶屋

陶芸ギャラリー

ここから舗装路

大倉山の家

どんぐり山荘
WC
秦野ビジターセンター

①大倉バス停

秦野戸川公園
P登山届ポスト
レストハウス

コイン P 堀山

新東名高速道路

秦野丹沢SIC

している小屋で、疲れきる前に休憩しながら登っていけば、事故の危険性は格段に減る。駒止茶屋の一段上にあるテーブルや、堀山の家など、営業はしていなくてもひと息いれる目印として利用するのもいい。ただし、食堂や売店も休業ということも珍しくはないので、山頂にある尊仏小屋に到着するまで、必要な食料や飲料は必ず携行するように。

堀山の家❸を過ぎると、岩混じりの道を登っていく。わずかな距離だが、立ち休みを繰り返して登るようにしよう。天神尾根を登ってきた道と合流すると、岩場が現れる。危険はないが、渋滞しやすい箇所だ。自分が渋滞の原因であったとしても、焦りは禁物。落ち着いて登ることに集中しよう。その後には長い木の階段が待っている。長時間の歩きの後だけに、その長さに気持ちが折れそうになる。しかし、登りきったところには、夏は氷、冬には汁粉が名物の花立山荘❺がある。この小屋の前から眺める相模湾の眺めも素晴らしい。

花立山荘のテラスでひと休みした後は、岩混じりの道をわずかに登る。その後、木道を歩き、さらに細い道を登っていく。左手から鍋割山稜からの道が合流した地点が金冷シだ。山中では貴重なはっきりとしたポイントだ。ここまで来れば、さしもの長い大倉尾根の終点は近い。細い尾根道をアップダウンしていくと、ほどなく表尾根からの登山道と合流する塔ノ岳山頂❻だ。

山頂からの展望

塔ノ岳山頂からの展望は富士山や南アルプス、八ヶ岳などのほか、相模湾を眺めることができる。絶景を楽しむなら、湿度の低い晴天日がおすすめ。

山頂の大展望は
塔ノ岳登山最大のごほうび

山頂は広々としていて、展望も素晴らしい。長い歩きの疲れを吹き飛ばしてくれそうな眺めで、蛭ヶ岳や西丹沢はもとより、富士山、甲斐駒ヶ岳や北岳などの南アルプスも望める。箱根や伊豆半島、伊豆大島までも眺め渡せる。しかし、それは空気の乾燥した晴天日に限られる。梅雨明け直後が一番だが、経験者なら軽アイゼンは必要になるが、厳冬期もおすすめしたい。

山頂にある尊仏山荘は、丹沢山域では珍しい通年営業の小屋。営業時間は限られるが、食事だけ、喫茶だけの利用もできるので、長時間の歩きの末に山頂に立った喜びを、かみしめるといい。

下山は往路を戻る。

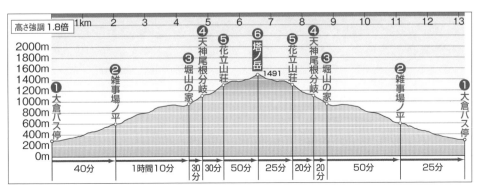

3 ヤビツ峠から丹沢山塊を代表する
表尾根を登る　　　　　　　　　**初・中級**

とうのだけ（おもておね）

塔ノ岳（表尾根）

標高	1491m
歩行時間	8時間45分
最大標高差	730m
体力度	★★☆
技術度	★★☆

1/2.5万
地形図　**大山・秦野**

登山適期と
コースの魅力

1月	2月	3月	4月	5月	6月	7月	8月	9月	10月	11月	12月
積雪期	残雪		新緑		梅雨		夏山		秋山	晩秋	

アセビ　　　　　　　　マムシグサ　シロヤシオ　ホタルブクロ　　　シモツケソウ　紅葉
マメザクラ　　　　　トウゴクミツバツツジ　　　　アカショウマ

展望　表尾根は三ノ塔辺りから本格的に展望が開ける。山頂からは富士山や伊豆方面が見える。
花　ブナとシロヤシオツツジがきれいな表尾根。小さな花たちが足元を染めてくれる。
紅葉　紅葉期は多くの登山者の姿を見ることができる。暑さが落ち着き秋の風が心地いいはず。

（春）新緑が美しい表尾根。丹沢の植生は標高700m前後で変わり、ブナの新芽が目立つ。
（夏）暑さが厳しい。こまめに休憩すること。
（秋）紅葉を愛でながらゆっくり歩こう。
（冬）ヤビツ峠まで車で入れないことがあるため、積雪期は大倉尾根からアプローチする。

ヤビツ峠から舗装された道を進む

アクセス

東名高速道路秦野中井IC → 県道71・704号線 16km → ヤビツ峠 → 🥾 8時間45分 → ヤビツ峠 → 県道704・71号線 16km → 東名高速道路秦野中井IC

東名高速道路秦野中井ICから県道71号線を走行。落合でヤビツ峠の看板に従って県道に入る。カーブの多い山岳

道路で、ヤビツ峠に向かうバス道でもある。無理な追い越しはしないこと。さらに最近は自転車でヤビツ峠まで登る

人が多くなったので、脇見運転には要注意。ヤビツ峠の駐車場が満車の場合は、その先の菩提峠に駐車しよう。

コースガイド
大倉尾根踏破が
チャレンジの条件

　ダラダラ登りが続く大倉尾根に比べて、変化に富んだ状況が連続するこの表尾根は、初心者にはややハードルが高いルート。少なくともコース2で紹介した大倉尾根を踏破した後で、チャレンジしてほしい。

　ヤビツ峠❶で大山へ向かう人たちと分かれて、登ってきた舗装路をそのまま進む。道が二手に分かれる地点にトイレがある。ストレッチをし、トイレを済ませたら出発しよう。トイレの前を歩けば**登山口❷**に出る。

　道標に従って進むと、舗装路はとぎれ、いきなり山道になる。環境が一変し、最初から少しばかりきつい勾配が登場する。先が思い

左：護摩屋敷の水の先にあるきれいなトイレ。右：歩き始めは勾配に身体が慣れるまで、焦らず呼吸のリズムに合わせて登る

やられるが、我慢して登っていくとすぐに林道に出る。これを渡り、再び山道を登っていく。樹林帯のなかの道は結構ムシムシとし、夏場ではなくても暑く感じるが、若干ザレた道に入ると木々がまばらになる。風の涼しさが心地いい。

　高度を上げていくと、後方に大山が見えるようになる。ぬかるんでいることが多い道を抜けると**二ノ塔❸**に着く。テーブルがあり、

①塔ノ岳山頂。好天なら正面に富士山が見える。頑張ったご褒美なので存分に楽しみたい。②二ノ塔のベンチとテーブル。ここから三ノ塔までは15分。小休止をして出発しよう。③トイレと休憩舎が置かれた三ノ塔。風が強い日や寒い日は休憩舎で体力を回復させよう。④三ノ塔を過ぎると大きく下るようになるが、丸太で組まれた階段が設置されているので意外に楽に歩ける。⑤山頂に建つ人気のある尊仏山荘

多くの登山者が休憩している。混雑しているなら、前方に見える三ノ塔まで15分ほどなので、そこまで頑張っていくのもいい。いったん下って階段を登り返すと**三ノ塔④**だ。

つい長居したくなるが
山頂はまだまだ先

ここは広く、富士山や丹沢山塊、相模湾などの展望に優れている。宿泊はできないものの休憩用の小屋も建っているが、風のない日なら小屋前の広場で休憩するほうが断然気持ちがいい。ただ残念ながら、ここは風の通り道になっているようで、風のほとんどない日にあたることは珍しい。風のある日は意地を張ることなく、建物のなかか、建物が風よけになってくれる裏手で休憩するようにしよう。風にさらされての休憩は、逆効果になってしまうことさえある。

三ノ塔から右下に見える烏尾山に向かう。台地の西端から階段状の道を下る。その後はガレ、ザレ気味の急坂をジグザグに下ってい

く。滑りやすい箇所にはクサリが取り付けられているので安心できる。

鞍部まで下りたら、一気に登り返す。着いたところに烏尾山荘が建っている。**烏尾山頂⑤**だ。振り返るとはるか上方に三ノ塔が見え、感慨もひとしおだ。

休憩の後は
気持ちのいい尾根道歩き

ここからは気持ちのいい尾根道歩きになる。明るく、変化に富んだコースだ。左手に相模湾方面を眺めながら、20分ほどでクサリ場に行き着く。登りきると**行者岳⑥**だ。岩の上の小さなピークといった印象で、休憩するようなスペースはないが、ひと息つこう。その先にはクサリが2段に分かれている表尾根の難所が待つ。これを過ぎた後、小さな橋を渡って崩壊地を登っていく。この辺りは足場が悪いので、ゆっくり慎重に行動しよう。

新大日⑦まで登り、ベンチでひと休み。ここからは緑の濃い尾根道歩き。ゆるやかな勾

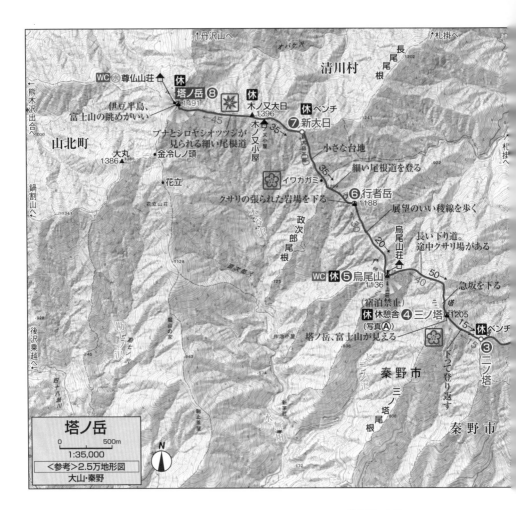

丹沢山へ↑

オバケ沢

清川村

↑札掛へ

長尾尾根 1202

WC 尊仏山荘 休
塔ノ岳⑧
1491
伊豆半島、
富士山の眺めがいい

休 木ノ又大日
1396

休 ベンチ
⑦新太日

1241

ブナとシロヤシオツツジが
見られる細い尾根道
金冷シノ頭

木ノ又小屋

小さな台地

細い尾根道を登る

922

札掛へ↑

山北町

大丸
1386

花立

イワカガミ

クサリの張られた岩場を下る

⑥行者岳
1188

展望のいい稜線を歩く

1341

政次郎尾根

長い下り道。
途中クサリ場がある

烏尾山荘

WC 休⑤烏尾山
1136

40 50 急坂を下る

1128

花立山荘

愛又ノ沢

725

（宿泊禁止）
休 休憩舎
（写真Ⓐ）
塔ノ岳、富士山が見える

④三ノ塔
1205

928

後沢乗越へ

勘七ノ沢

秦野市

休 ベンチ
③二ノ塔

二ノ塔

下って登り返す

四十八瀬川

駒止茶屋

838

三ノ塔尾根

808

秦野市

塔ノ岳
0　　　500m
1:35,000
＜参考＞2.5万地形図
大山・秦野

N

配の道が続く。表尾根の特徴の一つに、ブナ
の林が見られることが挙げられる。木ノ又小
屋を過ぎれば、そうした風情豊かな道になる。
ただし、道幅は狭くなるので、すれ違いには
くれぐれも注意したい。対向者が通り過ぎる
のを待つ場合は、必ず山側に避けること。谷
側に避けると万一の場合に対処のしようがな
いからだ。また、山歩きでは一般的にはあり
がたくないことだが、薄く霧がかかっていた
りすると、ますます風情が豊かになる。虫の
いい話だが、この区間だけは太陽が雲に隠れ
ていてほしいと願うばかりだ。この付近、登
山道はしっかりしているので、それを忠実に
たどれば目指す**塔ノ岳山頂⑧**に立てる。

できるだけ時間をとりたい
塔ノ岳山頂

　塔ノ岳山頂は、三ノ塔よりも標高が高い分、
さらにスケールの大きい展望が楽しめる。天
気がよければ、蛭ヶ岳や西丹沢をはじめ、富
士山、北岳や甲斐駒ヶ岳などの南アルプス北
部の山々、箱根や伊豆半島、相模湾越しの伊
豆大島まで眺められる。人が一人が立つのが
やっとという山頂もあるなかで、ここは広々
としているので、好みの場所に陣取って、心
ゆくまで、時間の許す限り、山頂での時間を

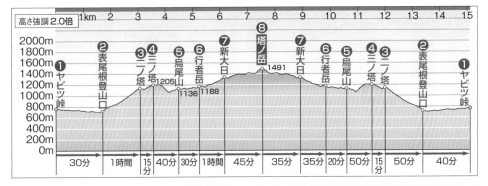

高さ強調 2.0倍														

❶ヤビツ峠 ❷表尾根登山口 ❸三ノ塔 ❹二ノ塔 ❺烏尾山 1205 ❻行者岳 1136 1188 ❼新大日 ❽塔ノ岳 1491 ❼新大日 ❻行者岳 ❺烏尾山 ❹二ノ塔 ❸三ノ塔 ❷表尾根登山口 ❶ヤビツ峠

30分	1時間	15分	40分	30分	1時間	45分	35分	35分	20分	50分	15分	50分	40分

烏尾山荘。ここから展望のいい尾根歩きになる

ヤビツ峠の駐車場。朝早くに満車になることもある

💧 **水場** ヤビツ峠から塔ノ岳に向かう途中、徒歩30分ほどのところに護摩屋敷の水という水場があるが、生での飲用は避けて煮沸すること。塔ノ岳山頂から15分には不動の清水がある。

🚻 **トイレ** ヤビツ峠、護摩屋敷の水、三ノ塔、山頂にある。

●問合せ先
秦野市役所観光課 ☎0463-82-9648
尊仏山荘 ☎070-2796-5270

表尾根

表尾根の行者岳からの下りがルート唯一の難所。クサリ頼りに岩場を下ることになるが、クサリをしっかり持って行動すれば大丈夫だ。

楽しむようにしたい。そのためには、できるだけ早い時間に到着したいところ。駐車場の営業開始時刻に合わせて歩き始めるくらいの、前のめりな気持ちで計画をするといい。

また、山頂北側にある尊仏山荘は、丹沢エリアでは珍しい通年営業の小屋。人気のある小屋だけに予約なしでふらりと泊まるのは難しいかもしれないが、日が高いうちに宿泊可能かを尋ねてみてもいいかもしれない。幸運にも空いているなら、この山歩きの思い出が光輝いたものになるはずだ。東京や横浜などの灯が遠くに見え、さらに頭上には満天の星空が広がっている。聞こえるのは虫の声や風

の音くらい。ふだん光と騒音のなかで暮らしている身には非日常の極みともいうべき一夜になるだろう。

また、山荘の1階は誰もが利用できる喫茶室になっている。とくに小屋から30分ほど下ったところに湧く不動の清水で淹れるコーヒーの味は格別だ。塔ノ岳登頂の記憶を一層鮮明に残すために、ぜひ味わってみたい逸品といえる。

下山時には登りでは気づかなかった場所が難所として待ち受けることもある。慎重に。

4 緑が濃い鍋割山稜の歩きを楽しむ

初・中級

標高	1272m
歩行時間	7時間30分
最大標高差	982m
体力度	★★☆
技術度	★☆☆

なべわりやま
鍋割山

1/2.5万地形図	大山・秦野

登山適期とコースの魅力

1月	2月	3月	4月	5月	6月	7月	8月	9月	10月	11月	12月
積雪期			新緑		梅雨		夏山			秋山	紅葉	晩秋

カキドオシ フタリシズカ シロヤシオ
ホウチャクソウ トウゴクミツバツツジ

展望 鍋割山山頂からは富士山や箱根、伊豆方面が展望できるが、晴天日以外は期待できない。
花 4月のミツバツツジ。5月のトウゴクミツバツツジが最も知られた花。
紅葉 鍋割山山稜の紅葉は10月下旬頃が最も美しい。ブナやカエデの黄葉が印象的。

春 鍋割山稜の新緑目当ての登山者が増える。
夏 山頂まで汗を絞られるが、山稜は心地いい。
秋 紅葉を楽しみながら歩くことができる。
冬 積雪のため、山頂まで規定時間で登れないことも多い。余裕を持った行動をしよう。

6月の標高1200m付近に咲くヤマツツジ

アクセス

新東名高速道路秦野丹沢スマートIC → 県道705・706号線 3km → 大倉の駐車場 → 7時間30分 → 大倉の駐車場 → 県道706・705号線 3km → 新東名高速道路秦野丹沢スマートIC

新東名高速道路秦野丹沢スマートICを利用すると、登山口になる大倉まで10分ほどだが、大倉にある県立秦野公

園や周辺の観光農園を訪れる人が急増している。そのため、早朝に到着するようにスケジュールを組むこと。東名高

速道路秦野中井ICを利用した場合はICから県道、国道246号、県道を走行して25分。大倉の駐車場は有料。

コースガイド

塔ノ岳に向かう道に迷い込まないように

大倉❶でクルマを降り、道標に従って丹沢県民の森に向けて歩く。ここは、大倉尾根を登って塔ノ岳を目指す人が多いので、道を間違えないように。

住宅街の舗装された道を進む。**西山林道❷**に入るまでは、道の分岐点に立つ道標を頼りに歩く。畑地の脇を進み、樹林帯を歩くようになると西山林道に出る。右側に道標が立っているので、これに従って二俣方面へ進む。簡易舗装された道だが、ところどころ舗装がはがれているので、足元に注意して進もう。右上に分岐する道は無視して直進する。点々と道標があるので、二俣、鍋割山方面に進路

左：尾関廣の胸像のある広場。右：歩き出しは小さな流れを渡る

をとる。簡易舗装がとぎれ、土の道になると樹林帯を歩くようになる。

かながわ水源の森林づくりの大きな看板を過ぎると、斜面から流れ出る水で路面が濡れたところがあるので、滑らないように注意して歩く。

左にベンチが見えてきたら、ここでちょっと休憩する。ここは表丹沢県民の森入口になる。さらに林道を進む。道が広くなると、変則的な十字路に出る。ここは前方右の道を登

①鍋割山山頂は草地で富士山が見える。時間の許す限りのんびりしよう。②斜面の登り出しは少し勾配がある。呼吸のリズムに合わせて登るようにしよう。③鍋割山荘前の広場。トイレ使用の注意点が書かれた看板が立っている。④林道終点から先の登り始めには大きな岩が堆積した箇所があるので、足元に要注意

る。道標が立っているので、確認しよう。

　しばらく歩くと、左に小さな公園のような広場が見えてくる、全日本山岳連盟（日本山岳協会）を設立した尾関廣の銅像が立っている。この先が**二俣❸**で、登山届ポストがある。大倉で提出できなかったら、ここで必ず投函するようにしよう。

　小さな流れの上に架けられた橋を渡る。車止めのワイヤーが張られたところを越えると右上から山道が合流する。下山時に歩く小丸尾根の合流点だ。その少し先に進むと林道が尽きる。

急勾配が連続する
山頂へのアプローチ

　林道の終点から、岩の転がる河原を歩く。あちらこちらで小さな木橋を渡り、ミズヒ沢沿いを登ると樹林帯に入る。鍋割山2.3kmの道標に導かれるように、急勾配をジグザグに登っていく。

　木立のきれいな森を抜けて、涸れ沢を渡る。鍋割山へ1.9kmの道標が立つところから斜面を急登する。上方に後沢乗越が見えてくるが、なかなか距離が縮まらない。焦らずに、立ち休みを返しながら進もう。

　登り着いたところが**後沢乗越❹**。くぬぎ山方面から登ってくる尾根道の峠にあたる場所だ。休憩するスペースはないので、くぬぎ山方面へ通じる尾根道に入って休憩するといい。後沢乗越から山頂までの歩行距離は1.7km、時間にして1時間30分ほどだ。コースのハイライト部分ともいうべき区間だが、急勾配が続くので、意識してゆっくり歩くようにしよう。

　勾配のきつい尾根道を小さくジグザグしながら登っていく。高度が上がると左手に富士山が顔を見せてくれる。木道が現れると、いったん勾配は落ち着き、ひと息つける。再び勾配のある階段に差し掛かると、鍋割山まで0.8kmの道標に出会う。勾配のきつさは変わらないものの、その数字に元気を取り戻す。

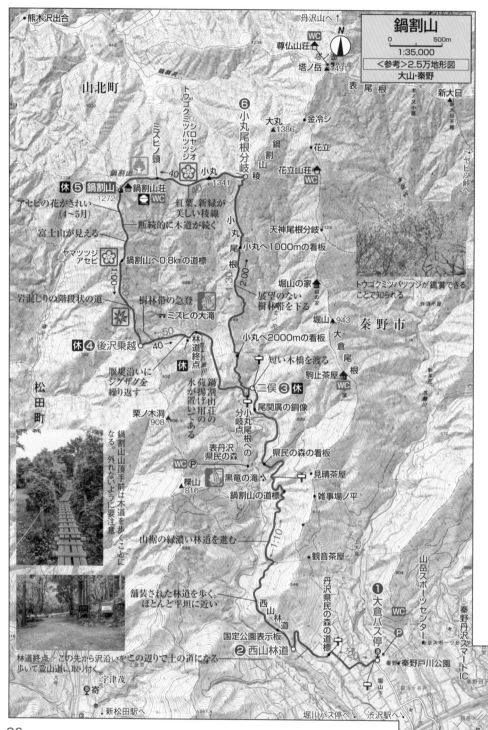

鍋割山

0 500m
1:35,000
<参考>2.5万地形図
大山・秦野

熊木沢出合

丹沢山へ↑

尊仏山荘
塔ノ岳 1491

山北町

WC
N

表尾根

金冷シ

新大日

トウゴクミツバツツジ
シロヤシオ
ミズヒノ頭

⑥ 小丸尾根分岐

大丸 1386

鍋割山稜

花立

鍋割沢

休 ⑤ 鍋割山
1272

小丸 1341

鍋割山荘
WC

小丸

花立山荘
WC

ヤビツ峠へ

アセビの花がきれい
(4〜5月)

紅葉、新緑が
美しい稜線

富士山が見える

断続的に木道が続く

尾
根

天神尾根分岐

トウゴクミツバツツジが鑑賞できる
ことで知られる

ヤマツツジ
アセビ

鍋割山へ0.8kmの道標

小丸へ1000mの看板

岩混じりの階段状の道

樹林帯の急登

堀山の家

展望のない
樹林帯を下る

堀山 943

秦野市

大倉尾根

ミズヒの大滝

小丸へ2000mの看板

休 ④ 後沢乗越

40→

林道終点

短い木橋を渡る

駒止茶屋
WC

堤堤沿いに
ジグザグを
繰り返す

休

鍋割山荘の
荷揚げ用の
水が置いて
ある

二俣 ③ 休

尾関廣の銅像

松田町

栗ノ木洞
908

分岐点尾根への

小尾根への

県民の森の看板

表丹沢
県民の森

見晴茶屋

WC P

黒竜の滝

雑事場ノ平

櫟山
810

鍋割山の道標

山裾の緑濃い林道を進む

観音茶屋

山岳スポーツセンター

舗装された林道を歩く
ほとんど平坦に近い

西山林道

丹沢県民の森

① 大倉バス停
WC P

秦野丹沢スマートIC

国定公園表示板
② 西山林道

丹沢県民の森の道標

秦野戸川公園

鍋割山山頂手前は木道を歩くことに
なる。外れないように要注意

林道終点。この先から沢沿いをこの辺りで土の道になる
歩いて霊山道へ取り付く

宇津茂
寄

↓新松田駅へ

堀川バス停へ

渋沢駅へ→

尾根が広くなれば、山頂はもうすぐ。最後に狭い階段を登れば、**鍋割山山頂❺**だ。

名物のなべ焼きうどんを ぜひ賞味したい

　山頂は広く、天気がよければ富士山や、箱根、伊豆方面の眺めを満喫できる。ここに建つ鍋割山荘のなべ焼きうどんの人気は、全国に知れ渡っているほど。疲れた体を癒すためにもぜひ賞味したい。

　山頂から塔ノ岳方面へ、鍋割山稜と呼ばれる尾根道を、軽くアップダウンしながら進む。新緑の頃がみごとな尾根道だが、紅葉期から晩秋にかけての風情も素晴らしい。小さなピークに立って、後方を振り返ると富士山の雄大な姿が印象的だ。

　できるだけのんびりと、丹沢の山深さを堪能したい。左の木々の間からは塔ノ岳山頂に建つ尊仏山荘が見える。鍋割山稜をそのまま進み、金冷シを左に登れば塔ノ岳は近い。時

開放的で気持ちのいい鍋割山から小丸尾根分岐に向かう道

間があれば行ってみるのもいい。

　鍋割山から40分ほどで**小丸尾根分岐❻**に着く。ここで鍋割山稜の尾根と分かれ、右手の小丸尾根を下る。傾斜がきついので、スピードは抑えて下ろう。一直線に下る箇所も多く、そのぶん傾斜がきつい。一歩一歩をゆっくり出すようにして歩く。下方がようやく開けてくると、二俣手前の林道に下り立つ。ここを左へ、林道を戻る。

鍋割山荘のなべ焼きうどん

年中無休で営業する鍋割山荘。鍋割山に登る人のうち、鍋割山荘でなべ焼きうどんを食べることが最終目的の人も少なくない。少し濃い味付けが疲れた体に染み渡る。

💧 **水場**　基本的にコース上に水場はない。そのため、事前に用意する必要がある。ミズヒ沢上流部の水は飲用可能とされているが、できれば煮沸してから飲用したい。

🚻 **トイレ**　大倉と鍋割山山頂にあるが、それ以外はコース上にはない。

●問合せ先
秦野ビジターセンター ☎0463-87-9300
鍋割山荘 ☎0463-87-3298

5 | 丹沢を代表するブナの山

初・中級

ひのきぼらまる
檜洞丸

標高	1601m
歩行時間	7時間20分
最大標高差	1060m
体力度	★★☆
技術度	★☆☆

1/2.5万地形図	中川

登山適期とコースの魅力

	1月	2月	3月	4月	5月	6月	7月	8月	9月	10月	11月	12月
	積雪期			新緑		梅雨		夏山			紅葉	晩秋
			ヤマザクラ		シロヤシオ					フジアザミ		
			トウゴクミツバツツジ				バイケイソウ				ヤマトリカブト	

展望 檜洞丸は東丹沢と西丹沢の境界にそびえる山。山頂からは東丹沢の山並みが眺められる。
花 新緑やブナの芽吹きは5月初旬頃。シロヤシオは5月中旬頃から順次咲き始める。
紅葉 ブナやコナラの紅葉は美しく、稜線や山頂は紅葉目当ての登山者で混むこともある。

春 芽吹きは丹沢エリアでも少し遅くなるようだ。オオバイケイソウは4月下旬。
夏 5月も半ばになるとシロヤシオやトウゴクミツバツツジが咲き始める。
秋 紅葉は10月中旬頃から始まる。
冬 積雪が多く、交通手段が閉ざされることも。

西丹沢ビジターセンターが起終点になる

アクセス

東名高速道路大井松田IC → 国道246号・県道76号線 49km → 西丹沢ビジターセンター → 7時間20分 → 西丹沢ビジターセンター → 県道76号線・国道246号 9km → 東名高速道路大井松田IC

東名高速道路大井松田ICから国道246号を山北方面へ走行。清水橋の信号で右折して県道76号線に入る。途中の

道の駅山北で休憩し、足りない物を購入するといい。県道76号線をさらに走ると、丹沢湖を永歳橋で渡り、河内川

沿いを進む。中川温泉ぶなの湯を過ぎて、しばらく走れば西丹沢ビジターセンターに到着する。ここに駐車場がある。

コースガイド

東丹沢に比べて静かな西丹沢の拠点から

　西丹沢ビジターセンター❶でクルマを停めて、用木沢方面へ進む。すぐに右手に檜洞丸への登山口が現れる。最初は涸れ沢のような箇所を登っていく。左に進路を変えるといったん急勾配になるが、すぐに斜面に造られた軽いアップダウンのあるコースになる。

　道が下りになると**ゴーラ沢❸**の河原に出る。小さな流れを渡り、岩の間を歩いて正面に見える階段下まで進む。ここからは急登が続くので、靴ひものゆるみや携帯品を確認しよう。

　目の前のコンクリート製の階段を登る。この階段は2段に分かれている。2段目を終えると、クサリの張られた岩場を登っていく。

左：ゴーラ沢を過ぎると道が細くなる。右：展望園地

　その後は傾斜のきついブナ林のなかの登り。高度が上がってくると、木々の間から富士山が見えるようになり、**展望園地❹**に着く。

　ここにはテーブルが設置され、休憩ができるようになっている。テーブルの正面にはきれいな富士山の展望が広がる。

　展望園地の左側から山頂に向かう。斜面に無理やりつけられたような道だ。右手に手摺り代わりのクサリが張られている。滑落事故が起きたこともある場所なので慎重に。クリ

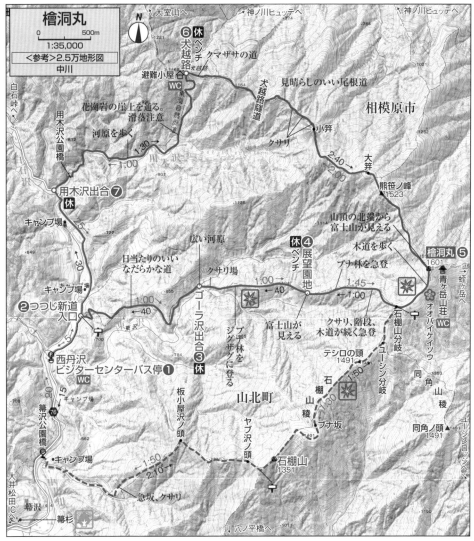

1 2
5 6

アすると、ブナの大木が多くなる。林が薄くなると、再び後方に富士山が見えるようになる。勾配がさらにきつくなると、クサリの張られた岩混じりの道を登っていく。

鉄のハシゴと木製のハシゴを連続して登る。登り着いたところに、檜洞丸まで800mの道標が立っている。道標の後方には大室山方面が望める。ベンチで少し休憩するのもいい。

ここから少し進むと、木の階段が現れる。断続的に、檜洞丸まで600mの道標近くまで続く。この道標からは山頂領域で、登山道は木道に変わる。これは植生保護のためで、一帯に咲くバイケイソウなどを守るためのもの。外れることのないように歩こう。

気象観測用の機器の脇を抜け、勾配の少しきつい階段を登れば**檜洞丸山頂❺**だ。

この先難所あり。
初級者は往路を戻ろう

檜洞丸山頂は広く、ブナなどの樹木に覆われている。ここがすっきりするのは厳冬期の

①檜洞丸手前の道。植生保護のため、木道から外れないように注意しよう。②冬枯れの山頂。この時期が最も展望に優れる。③犬越路。避難小屋がありトイレが利用できる。休憩するのに便利。④檜洞丸から犬越路の間には簡単なクサリ場があるが危険はない。⑤檜洞丸山頂からの下りは木の階段を下る。正面に富士山を眺めながら下ることになる。⑥犬越路に向かう尾根道。展望はいいが、強風時には注意が必要

みで、展望には期待しすぎないようにしたい。しかし、犬越路方面へわずかに進んだところからの展望は申し分ない。山頂では休憩と栄養補給に専念し、犬越路への途中で展望を楽しみたい。また、山頂からわずかに東に下ったところには青ヶ岳山荘が建つ。ここにトイレがあることは覚えておきたい。

檜洞丸山頂。展望が得られるのは木々が枯れた頃

7 8

⑦晴天日だと東丹沢の山並みを見ることができる。左が蛭ヶ岳。その先に丹沢山、塔ノ岳が見えている。⑧檜洞丸からの下り道で展望する初冬の富士山

檜洞丸から犬越路にかけての尾根道は、足場の悪い箇所や急勾配の下りがあり、初級者には難しい。あまり経験のない人は、山頂から往路を戻るようにしたい。

下り始めるとすぐに注意喚起の看板がある。この前からは階段を下る。植生保護の看板が立つところが下りの起点で、さえぎるもののない景色を楽しめる。富士山や大室山などをはじめ、山ならではの展望が素晴らしい。

ここから急な階段を一気に下る。その先が細い尾根道歩き。土の感触を楽しみながら進む。左手に富士山を見ながらの尾根道歩きだが、意外にアップダウンが多い。

岩場に差し掛かる。右手にクサリが張られているが、難なくクリアできる。その後はササが茂る細い道を軽く上下する。正面にテーブルが見えてきたら、そこが熊笹ノ峰。展望を楽しみながら休憩しよう。

ここからゆるやかなアップダウンを繰り返した先に、木の階段下り、さらに岩や石の多い尾根道を下るようになる。下り勾配がかなりきついので、慎重に。さらに鉄のハシゴを下って、クサリの張られた岩場を越える。焦らずにゆっくり行動すれば大丈夫。このエリアを抜ければ、ほどなく**犬越路❻**に到着する。

犬越路は十字路になった峠で、トイレ付きの避難小屋が建っている。小屋前のベンチが休憩ポイントだ。ここから用木沢に下山する。

最初は樹林帯の道を下る。足場が不安定な涸れ沢のようなところを抜け、クサリが張られた岩場を下ると沢沿いの道になる。何度か小さな橋を渡って進めば**用木沢出合❼**。ここからキャンプ場のある舗装路を下れば、**西丹沢ビジターセンター❶**に戻れる。

青ヶ岳山荘

檜洞丸の東斜面にある山小屋。ランプの灯りと暖かいこたつで寛ぐことができる。夕方になると鐘を鳴らして登山者に場所を知らせてくれる心優しい山小屋だ。

💧 **水場** 檜洞丸に水場はない。そのため事前に用意することが大切。食べ物を少し減らしても水は必ずもっていくこと。また、カロリーの高いチョコレートなどを持っていると安心。

🚻 **トイレ** 西丹沢ビジターセンターと青ヶ岳山荘にある。

●問合せ先
山北町商工観光課 ☎0465-75-3646
西丹沢ビジターセンター ☎0465-78-3940
青ヶ岳山荘 ☎090-5438-2574

6 アセビの花やブナの深い原生林が魅力 初級

あぜがまる

畦ヶ丸

標高	1292m
歩行時間	6時間10分
最大標高差	750m
体力度	★☆☆
技術度	★☆☆

1/2.5万地形図	中川

登山適期とコースの魅力

1月	2月	3月	4月	5月	6月	7月	8月	9月	10月	11月	12月
積雪期		残雪		新緑		梅雨		夏山		紅葉	晩秋

ミツマタ ━━━━━━━ シロヤシオ
シロカネソウ ━━━━━━━ ミツバツツジ

展望 展望が自慢できる山ではないが、深いブナの森から眺める西丹沢の山並みは迫力がある。
花 キヨスミウツボ、ギンリョウソウなどを観察することができるが、花の種類は多くない。
紅葉 10月中旬から12月中旬がおすすめ。西丹沢エリアでファンの多い山の一つ。

春 新緑と沢の流れが目と耳に心地よさを感じさせてくれる。
夏 水量の多い流れが清涼感を与えてくれる。
秋 山頂前後の紅葉がきれい。
冬 積雪期は沢沿いが滑るので不向き。

休憩にも適した畦ヶ丸避難小屋

アクセス

東名高速道路大井松田IC ━ 国道246号・県道76号線 49km ━ 西丹沢ビジターセンター ━ 6時間10分 ━ 西丹沢ビジターセンター ━ 県道76号線・国道246号 49km ━ 東名高速道路大井松田IC

東名高速道路大井松田ICから国道246号を山北方面へ走行。清水橋の信号で右折して県道76号線に入る。途中の道の駅山北で休憩し、足りない物を購入するといい。県道76号線をさらに走ると、丹沢湖を永歳橋で渡り、河内川沿いを進む。中川温泉ぶなの湯を過ぎて、しばらく走れば西丹沢ビジターセンターに到着する。ここに駐車場がある。

コースガイド 沢を渡る際には乾いた石を見つけて

丹沢山塊の北、道志側からアプローチするのが便利な山を除いて、西丹沢地区にあるほとんどの山の出発点となるのは西丹沢ビジターセンター。この畦ヶ丸も、**西丹沢ビジターセンター①**にクルマを停めて、登山開始となる。

ビジターセンターの建物の裏手にある西丹沢公園橋を渡って小さな林を抜けると、正面に堰堤が見えてくる。その左端を目指して進む。階段を登って堰堤の上に立った後、階段を下りて広い河原を歩く。小さな木橋が見えたら、そこで流れを渡る。方向を見失いそうになるが、道はしっかりしているので、忠実にたどって進もう。

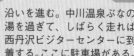

①西丹沢公園橋を渡ったら、目の前に見える堰堤の左側を目指して進む。②小さな丸太の橋で流れを渡る。橋が濡れていると滑るので、その際は慎重に渡ること。③堰堤はハシゴで越える

飛び石伝いに沢を渡る場所もあるが、そうした場所ではできるだけ濡れていない石、水面から出て乾いた部分に足を置くようにしよう。そうした石がない場合、水面から出た濡れた石には足を置かないこと。流れのなかにある石に乗ったほうが滑りにくいからだ。た

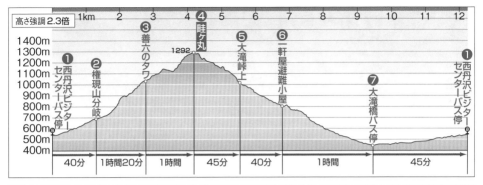

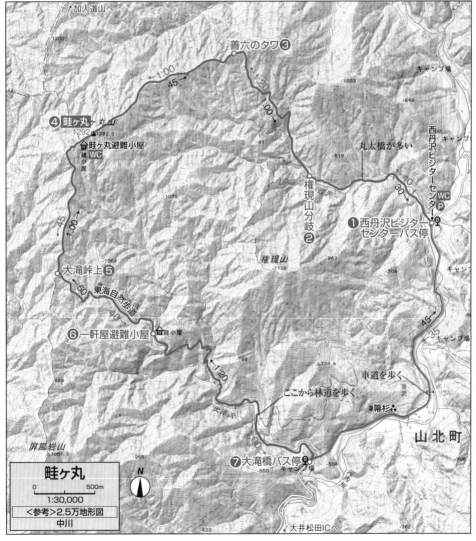

④畔ヶ丸山頂。ベンチが1台設置されただけの静かな山頂だ。風が強かったり、雨のときは近くに建つ避難小屋を利用しよう。⑤西丹沢ビジターセンターから歩き始めて堰堤を越える。登山道の左には涼しげな水の流れが現れる。盛夏ならこの流れを眺めながらひと息入れるのもいい。⑥水の流れから離れると、緑が濃い尾根道を登るようになる。上空が開けてくる。青空が心地いい

だし、苔が生えている石に乗るのは危険だ。流れの深さを目測して、靴が完全に水没しない場所を見定めよう。本来、登山道はさまざまな実証を踏まえて造られているため、そうした場所がないようなら、増水している危険もある。徒渉できるところがないときは、引き返すほうが無難だ。

　沢の渡り口や渡った先には畔ヶ丸の道標が立てられているので、それに従って進む。沢を渡り返しながら、いくつか堰堤を越えていく。山道に入ることもあるが、すぐに河原に出る。三つ目の堰堤脇にはクサリが張られているが、頼らなくてもクリアできる。

　最初に出合うベンチで休憩しよう。出発地点から1.3kmのところだ。

　休憩の後は、動物避けの金網沿いに歩く。すぐに、それまでと同じように小さな橋を渡ることになるが、危険はない。下棚の分岐を左に行くと落差40mの滝が、本棚沢出合の分岐を左に行くと落差70mの滝が、それぞれ出迎えてくれる。

本格的な登山に
心が引き締まる

　本棚沢出合を過ぎて、しばらく歩けば山道になる。斜面を登って高度を稼ぐ。西沢出合2.2kmの道標が立つ地点にベンチがあるので、休憩していこう。土の流失止めの階段を登って進む。途中にクサリ場があるが、頼らなくても登れる。畔ヶ丸2.1kmの道標が立つ地点で小さな涸れ沢に下り、ジグザグに登り返す。細い尾根道を進み、砂地の道を下ると**善六のタワ❸**。細い鞍部だ。

　善六のタワから山頂までは1.7kmほど。木の根が露出したところを登る。ブナの木が目立つ。10分

このルートは道標が多く迷うことはないはずだ

⑦善六のタワは細い道が続く。過去には滑落事故が起きているので、なるべく道の中央を歩くこと。⑧斜面に造られた橋。滑落防止のため、若丸山側に寄って歩くようにしたい

ほどでベンチのある小さな台地に乗る。手摺り代わりのクサリが張られたハシゴが正面に見えてくるが、意外にすんなりクリアできる。ここを登って、細い尾根道をさらに進む。

ほどなく正面にこんもりとした山頂が見えてくる。目の前の長い階段を登った後、軽いアップダウンを繰り返すと、畦ヶ丸避難小屋まで200mの道標がある。ブナ林を進んでいけば、**畦ヶ丸山頂④**に着く。ベンチが1台あるだけの静かな山頂で、展望はない。わずかに進んだところに避難小屋が建っている。

避難小屋前でのランチの後
下山にかかる

山頂よりも避難小屋の前のほうが広いので、ここでランチとしよう。その後は、下山の行程になる。

大滝峠上の道標に従って、尾根道を下る。階段状に整備された道から長い階段を下っていく。階段と階段の間は平坦に近い歩きになる。15分ほどで大滝峠上に下れる。前方にテーブルが見えてくれば**大滝峠上⑤**に着く。

休憩の後は、斜面を大きくジグザグに下る。急下降ではないので、心配はいらない。大滝橋まで3.9kmの地点を過ぎると、水音が響いてくる。黄色の道標で小さな流れを渡り、枝に巻かれたテープを頼りに沢沿いを進む。大滝橋3.7kmの地点で、飛び石伝いに沢を渡る。遊歩道のように歩きやすい道だ。

進行方向右の木橋を渡って、すぐに左へ渡

り返した地点に**一軒屋避難小屋⑥**がある。かたわらに流れる沢が気持ちのいい場所だ。小屋前のテーブルで最後の小休止としよう。

避難小屋から沢沿いを歩く。いったん沢沿いから離れ、大滝橋1.8kmの道標地点から再び沢に沿うようになるが、すぐに林道になり、さらに車道に出る。ここを右に進めば、**大滝橋バス停⑦**に着く。

大滝橋バス停からはだらだらと登るバス通りを歩く。西丹沢ビジターセンターまでは1時間ほどもあれば戻れる。バス便は多くないので、歩いてしまうほうが早いだろう。

沢の渡り方

流のある沢に足を入れる場合、できるだけ小石の上に足を置くこと。大きな石の場合は滑ることがある。水面に出ている石でも濡れていると滑るので注意しよう。

 水場 山中に水場はない。沢水を利用する場合は必ず煮沸すること。生水を飲用することは危険。

トイレ 西丹沢ビジターセンター、畦ヶ丸避難小屋にある。

●問合せ先
西丹沢ビジターセンター ☎0465-78-3940
山北町商工観光課 ☎0465-75-3646

7 | ブナとトリカブトの花に覆われた静かな山

初・中級

標高	**1587m**
歩行時間	**7時間5分**
最大標高差	**1047m**
体力度	★★☆
技術度	★★☆

おおむろやま
大室山

1/2.5万 地形図　**中川・大室山**

登山適期と コースの魅力

1月	2月	3月	4月	5月	6月	7月	8月	9月	10月	11月	12月
積雪期		残雪	新緑		梅雨		夏山		秋山	紅葉	晩秋

コイワザクラ
フデリンドウ
ヤマトリカブト
シモツケソウ

展望　山頂からの展望はよくないが、犬越路からわずかに登った地点から富士山が見える。
花　5月上旬頃のブナの芽吹き、シロヤシオは5月中旬〜6月上旬頃。
紅葉　11月上旬から11月下旬になるとブナの葉が黄色に染まりきれい。

春　新緑がきれい。5月中旬を過ぎるとツツジが芽吹き始める。
夏　ヤマトリカブトの花は8月下旬頃から咲く。
秋　ブナの葉が黄色に変わり、きれい。
冬　積雪期は登山不可。

西丹沢ビジターセンターの駐車場

アクセス

東名高速道路大井松田IC → 国道246号・県道76号線 49km → 西丹沢ビジターセンター … 7時間5分 … 西丹沢ビジターセンター → 県道76号線・国道246号 49km → 東名高速道路大井松田IC

東名高速道路大井松田ICから国道246号を山北方面へ走行。清水橋の信号で右折して県道76号線に入る。途中の

道の駅山北で休憩し、足りない物を購入するといい。県道76号線をさらに走ると、丹沢湖を永歳橋で渡り、河内川

沿いを進む。中川温泉ぶなの湯を過ぎて、しばらく走れば西丹沢ビジターセンターに到着する。ここに駐車場がある。

コースガイド 西丹沢最深部の 静かな山へ

　西丹沢の玄関口になる**西丹沢ビジターセンター❶**が出発点。建物の前と裏手に駐車場があるので、ここにクルマを停める。

　トイレを済ませたら、目の前の舗装路を歩き始める。キャンプ場が点在するなかを貫く道だ。檜洞丸への登山道を右に見送り、直進する。周りの山々が色づくころには、歩いているだけで楽しくなる道だ。左側のキャンプ場がとぎれると、**用木沢出合❷**はすぐ。

　用木沢出合で道は二手に分かれる。左は白石峠に向かう道。下山時にはここを下ってくることになる。大室山へはここを右にとる。すぐに青い鉄橋が見えてくる。これが用木沢

左：用木沢出合に建つ道標は犬越路方面へ。右：用木沢公園橋

公園橋だ。

　これを渡り、小さな流れに架かる橋を渡り返して進む。用木沢出合と犬越路の中間地点を過ぎると、斜面を登るようになる。犬越路まで800mの道標を過ぎると、傾斜がきつくなる。途中、斜面が切れ落ちたところにつけられた道には手摺り代わりのクサリが張られているが、危険はない。ここを抜け、涸れ沢のような道を登り詰めれば**犬越路❸**だ。

　犬越路にはトイレが併設された避難小屋が

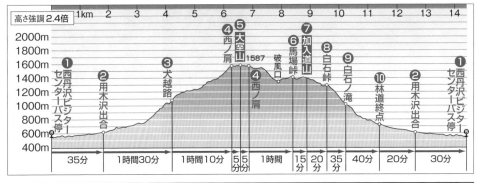

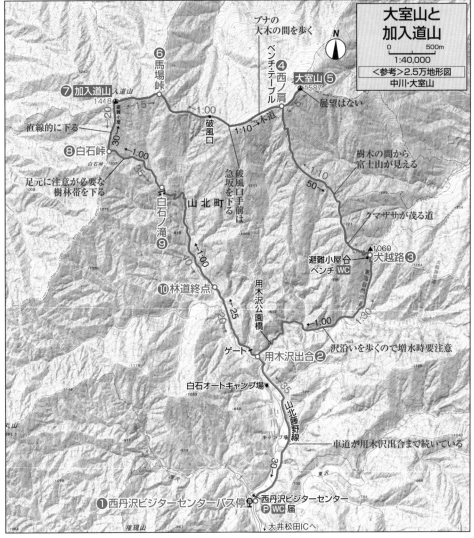

大室山と
加入道山

0　　　　500m
1:40,000
<参考>2.5万地形図
中川・大室山

ブナの
大木の間を歩く

ベンチ・テーブル

④西ノ肩　大室山⑤
▲1587
展望はない

⑥馬場峠

⑦加入道山　入道山
1418

避難小屋　15

1:00

破風口

1:10　木道

樹木の間から
富士山が見える

直線的に下る

30

⑧白石峠
白石峠 1307

1:00

35

足元に注意が必要な
樹林帯を下る

白石ノ滝⑨

山北町

破風口手前は
急坂を下る

クマザサが茂る道

避難小屋
ベンチ WC
犬越路③

▲1,060

⑩林道終点

1:00

20

25

用木沢公園橋

1:00

1:30

沢沿いを歩くので増水時要注意

ゲート

用木沢出合②

白石オートキャンプ場

35

山北藤野線

車道が用木沢出合まで続いている

30

①西丹沢ビジターセンターバス停　西丹沢ビジターセンター
P WC 届

↓大井松田ICへ

①犬越路。武田信玄が小田原城を攻めるときに、犬を先頭にしてこの峠を越えたことが名の由来といわれている。②用木沢出合から犬越路までの間には足場の悪い箇所があるので慎重に。③大室山手前の西ノ肩。大室山は右へ300m。④大室山からは加入道山から白石峠へ向かう。⑤大室山から加入道山域にかけては木道を歩く箇所がある。これは植生保護のためなので、必ず木道を歩くこと

建ち、小屋の前にはテーブルが置かれている。休日になると多くの登山者が行き交う。

避難小屋の前を通り過ぎ、樹林帯を登る。勾配のあるジグザグの道だ。少し勾配が落ち着いてくると、小さな尾根に乗る。気分よく歩を進める。ブナの木が目立つ尾根を軽くアップダウンする。

ベンチの先にクサリの張られた下りがあるが、危険はない。さらに細い尾根道を上下しながら進む。盛夏だと樹木に覆われていて、蒸し暑さを感じる区間だ。足元にクマザサの葉が多くなると、登り勾配が増す。ここを抜け、右に曲がると勾配のきつい階段に差し掛かる。勾配がゆるみ、正面にベンチが見えてくればそこが**西ノ肩**❹。ここで大室山と加入道山を結ぶ稜線に乗ったことになる。

山頂を往復した後 西ノ肩でランチを広げる

西ノ肩から300mほど起伏の少ない尾根を歩けば**大室山山頂**❺だ。山頂からの展望はない

ので、西ノ肩まで戻ってからランチにしよう。

ランチの後は加入道山へ向かう。土の流失止めを兼ねた階段を下る。植生保護のための木道もある。西ノ肩から15分ほどで木の階段を下るようになる。木々の葉が落ちたころなら、左右に丹沢の山並みが広がる。

断続的に下り、クマザサの茂る登山道を小刻みにジグザグして下る。下り着くと鞍部の破風口。細く両側が切れており、転倒や滑落に注意しなければならないところだ。白石峠まで1.6kmの道標が立っている。

破風口から木の階段を登り返す。10分ほどで道はなだらかになり、ブナの木の間を縫うように進む。白石峠1.1kmの道標の先で長い木の階段を下り、ゆるい登りに差し掛かると加入道山避難小屋まで300mの道標が現れる。ここからわずかに登ると**加入道山山頂**❼。一段下には避難小屋が建っている。

加入道山の山頂は細長く、テーブルが置かれている。展望はないが、静かで落ち着けるので、時間の許す限りのんびりするといい。

⑥山深さが際立つ西丹沢だが、登山者の数は東丹沢よりも少ない。その要因のひとつがアクセスの悪さ。そのため、このエリアの山こそマイカー向きといえる。⑦大室山の山頂。西ノ肩から5分ほどだが、稜線上にあるため山頂らしくない。⑧ここから用木沢出合に向けて下る。途中に足場の悪い箇所があるので、転倒しないように注意しよう。⑨白石の滝の看板

白石峠からの下りは
初級者には荷が重い

　白石峠からの下りは崩落が続き、整備されてはいるが、初級者にはちょっと厄介な下りになる。体力に自信がなかったり、山の経験が浅いなら、往路を戻ったほうが無難だ。

　加入道山から白石峠までは600mほど。ゆるい下りの途中から道志に下る道が分岐しているが、ここは直進する。樹林帯を抜ければベンチが置かれた**白石峠⑧**に着く。

　ここからの下りは崩落箇所を補修した道だが、足場は悪い。気持ちを引き締めて下ろう。階段状の道を下る。高度が下がってくると、岩や倒木が目立つ涸れ沢のような場所を下る。

　枝に巻かれたテープを頼りに、転倒に注意しながら下る。長めの細い木橋を渡る。テーブルが2台置かれた場所まで下ってくればひと安心だ。

　崩落地に架けられた木橋を過ぎて、伐採地に入っていく。しばらく進むと、きれいな**白石ノ滝⑨**が見えてくる。

　滝見物の後、小さな木橋で流れを越える。林道に出てから、1kmほど先で正面に見えてきたゲートの脇を抜ければ**用木沢出合②**だ。

　ここから舗装された道を下って、**西丹沢ビジターセンター①**に戻る。

避難小屋

犬越路と加入道山にある。非日常の夜を楽しんでみよう。利用時は神奈川県自然環境保全センター☎046-248-2546へ。

💧 **水場**　山中に水場はない。西丹沢ビジターセンターに水道、清涼飲料水の自販機がある。沢水を飲用する場合は煮沸すること。

🚻 **トイレ**　西丹沢ビジターセンター、犬超路避難小屋にある。

●問合せ先
西丹沢ビジターセンター　☎0465-78-3940
山北町商工観光課　☎0465-75-3646

8 | 誰でも登ることができる丹沢の低山

初級

標高	758m
歩行時間	2時間30分
最大標高差	351m
体力度	★☆☆
技術度	★☆☆

しだんごやま・みやじやま

シダンゴ山・宮地山

1/2.5万 地形図	秦野・山北

登山適期とコースの魅力

1月	2月	3月	4月	5月	6月	7月	8月	9月	10月	11月	12月
積雪期			新緑		梅雨		夏山			紅葉	晩秋

シャガ　ムラサキケマン
コウヤボウシ　ハダカホウズキ　ヤマツツジ

展望　山頂からは鍋割山の稜線から表尾根が遠望できる。木々が枯れた頃がおすすめ。
花　1年を通して登ることができる。春先にはカキオドシやバコパ、アセビが楽しめる。
紅葉　11月中旬から12月上旬がおすすめ。モミジが真っ赤に色づく。

春　広い山頂で春の日差しを浴びながらのんびりできる。
夏　盛夏は登山向きではないが、好天日なら富士山を拝むことができる。
秋　紅葉を愛でるには最適な低山。
冬　歩行時間が短いので冬の登山に向いている。

スタート地点の寄自然休養村。食堂併設

アクセス

大井松田IC 東名高速道路 ─ 国道246号・県道 12km ─ 駐車場 寄自然休養村 ─ 2時間30分 ─ 寄自然休養村 駐車場 ─ 県道・国道246号 12km ─ 大井松田IC 東名高速道路

東名高速道路大井松田ICから国道246号を厚木方面へ走行。道なり進むと、寄（やどりぎ）という信号があるので、

ここで左折して道なりに走る。少し登り勾配の強い道だが、危険箇所はない。集落を抜けると中津川沿いに出る。右に

あるのが寄自然休養村の管理事務所。その前が無料駐車場。40台ほど駐車することができる。トイレ有。

コースガイド

丹沢エリア 入門の山を縦走する

やどりぎ
　寄自然休養村の管理事務所前に駐車場があり、ここにクルマを停めて、まずシダンゴ山へと向かう。

　歩き始めてすぐに渡る、中津川に架かる大寺橋は別名メロディー橋ともいわれる。それは中央部分の欄干を順番に叩くと「お馬の親子」の曲が流れる仕掛けが施されているからだ。この橋を渡って集落のなかを進む。最初の分岐を左に進めば宮地山への道。ここを下山時に下ってくることになる。その後は右左折を繰り返すが、必ず道標があるのでそれに従えばいい。

　集落を抜けたところにあるのが大寺休憩所。

かながわの橋100選に選定された橋で、欄干を叩いていくと童謡「お馬の親子」が奏でられる

左：住宅街に付けられた道標。右：大寺休憩所

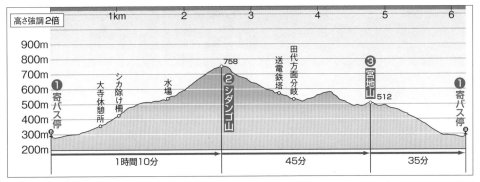

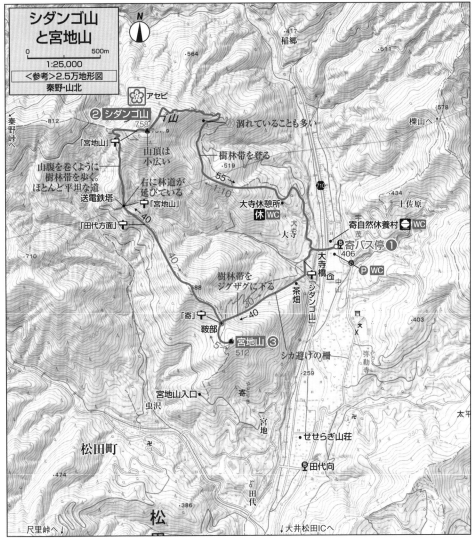

①標高が低く誰でも歩くことのできる山だが、植生は豊富で歩いていても飽きることはない。②樹林帯のなかにある開けた場所が宮地山。③登山道の脇には茶畑が広がっている。畑には踏み込まないこと。④山中にも的確な道標が立てられているので、安心して登山が楽しめる

トイレがあるので、利用していこう。ここから茶畑のなかの急斜面を進むと、トタンでできた扉の前に出る。これは農作物を野生動物から守るためのもの。近年は、とくに野生動物による農作物の被害が人間と動物の境界がはっきりせずに、大きな社会問題にもなっている。登山道を歩き始める際は、開けた扉を必ず閉めること。

登山道は樹林帯に延びている。少し急な勾配がほどなく歩きやすい道になる。里山の雰囲気をのんびり楽しみながら歩こう。ゆるやかな歩きが終わりに近づくと、左側に小さな水場が現れる。しかし、ここは涸れていることが多いので、あまり頼りにはならない。必要量より少し多めの水を持っていきたい。

ここを過ぎると直線的に登るようになる。樹林帯を抜け、まだ若い木々の間を抜けると、**シダンゴ山❷**の山頂に着く。

山頂は平坦で小広い。中央には小さな祠と山名の由来が書かれた石碑が立っている。ここからは鍋割山の稜線から表尾根が見える。

木々の葉が落ちたころなら、よりはっきりと展望できるはず。冬の山歩きの魅力の一つでもある。西には富士山が少しだけ顔をのぞかせ、南側には松田町方面のロケーションが広がっている。広々とした眺めを楽しみながら、のんびりとランチを楽しむといい。

山頂南側にそびえる宮地山を目指す

シダンゴ山までは1時間余りの歩行時間で、まだまだ歩き足りないはず。単に往路を戻るのはあまりにももったいないので、ついでに宮地山にも登ってみよう。

水場　紹介コースのシダンゴ山手前に水場があるが、涸れていることもあるのでスタート地点の寄自然休養村でペットボトルを購入する。
トイレ　寄自然休養村、大寺休憩所にあるが、それ以外にはない。

●問合せ先
松田町観光協会　☎0465-85-3130
寄自然休養村管理センター　☎0465-89-2960

⑤シダンゴ山の山頂。小広い山頂からは丹沢主脈を展望することができる。⑥山頂に立つ「シダンゴ山由来の碑」

　山頂から登ってきた道とは反対、秦野峠方面に下る。樹林帯のなかを進むと、5分ほどで宮地山方面への分岐に出る。ここを左へ、山腹を巻くようにして歩く。鉄塔の下を通り抜けたら、田代方面との分岐を左にとる。軽くアップダウンを繰り返しながら進むと、寄自然休養村へ下る道との分岐に着く。この分岐を左に下っていけば、出発点の駐車場に戻れるが、まずは直進する。

　樹林帯のなかの細い道を5分ほど登れば、**宮地山❸**の山頂に着く。しかし、山頂らしさ

は皆無で、樹木に囲まれた広場といった雰囲気のところだ。木々の間から陽光が差し込み、いくらか明るい場所で休憩するといい。

　下山は先ほどの分岐まで戻り、右手に下る道に入る。最初は急勾配だが、すぐにゆるやかに下るようになる。野生動物避けの柵を越えると、茶畑の脇を下るようになる。日当たりに恵まれた道で、充実した一日に感謝したくなるはずだ。

　住宅街に下り着いたら、もうゴールは近い。この先、道なりに歩けば、今朝渡った大寺橋に出る。

メロディー橋

歩き始めてすぐに渡る大寺橋は「お馬の親子」を奏でることができる橋として知られている。ストックで順番に叩くと曲が演奏できる。鉄琴を演奏しているような音色だ。訪れたならぜひ叩いてみよう。

9 | 宮ヶ瀬湖越しに丹沢の主脈を眺める

初・中級

標高	**747m**(仏果山)
歩行時間	**3時間50分**
最大標高差	**457m**
体力度	★☆☆
技術度	★☆☆

たかとりやま・ぶっかさん

高取山・仏果山

1/2.5万
地形図 **青野原・上溝・大山・厚木**

登山適期とコースの魅力

1月	2月	3月	4月	5月	6月	7月	8月	9月	10月	11月	12月
積雪期			新緑		梅雨		夏山		秋山	晩秋	

カキドオシ　　　　　サクラスミレ
フデリンドウ　　ヤマザクラ　　　　　紅葉
　　　　　　　　　トウゴクミツバツツジ

展望　宮ヶ瀬ダム展望台から縦走路に入ると右手に丹沢主脈が見えてくる。
花　4月になるとあいかわ公園のサクラ、登山道のヤマザクラ目当ての登山者が増える。
紅葉　高取山、仏果山山域の紅葉はきれいで、首都圏から多くの人が訪れている。

春　最も歩いてもらいたい季節。4月中旬頃が最もおすすめ。
夏　6月～9月はヤマビル対策が必要。
秋　9月中旬過ぎからが本格的な登山季節。
冬　コース上に積雪のあるときは危険。さらに風が強いと体感温度が下がるので要注意。

ダム上に待機したインクライン

アクセス

厚木IC 東名高速道路 → 〔車〕 国道129号・412号 15km → 駐車場 あいかわ公園 → 〔歩〕 3時間50分 → 駐車場 あいかわ公園 → 〔車〕 国道412号・129号 15km → 厚木IC 東名高速道路

東名高速道路厚木ICから国道129号に入り北上。市立病院前の信号で左へ。国道412号線に入り道なりに走行。道

幅の狭い箇所もあるので慎重に。バス通りでもあるので、無理な追い抜きなどは厳禁。平山坂下の信号を過ぎてしば

らく走ると「清正光入口バス停」交差点に出るので、ここを左折すればあいかわ公園だ。公園の駐車場を利用する。

コースガイド

行楽客でにぎわうあいかわ公園を後に

　首都圏の週末の行楽地として人気の宮ヶ瀬ダムが、これらの山への登山口にあたる。とくに週末には駐車場が混雑するので、早めの到着を心がけよう。

　あいかわ公園の駐車場にクルマを停めて、宮ヶ瀬ダムの堰堤の上まで、インクラインと呼ばれるケーブルカー（300円。往復は500円）かエレベーター（無料）で登る。ここには展望台があり、丹沢主脈や横浜のランドマークタワーが見える。眺めを楽しんだ後は水と⊥ネルギー館に立ち寄ってみよう。ダムの仕組みやエネルギーのことが学べる貴重な存在だ。入館無料でもあり、とくに下山した後、時間

上：このガードレール脇から宮ヶ瀬湖の湖面近くまで下る。横：湖面沿いの登山道。登りやすい道だ

を割いてでも訪れたい施設だ。また、宮ヶ瀬ダムでは定期的に観光放流を行っている。間近にその姿と音を感じるのは、得難い経験になるはず。ぜひ、時間を合わせて訪れてみたい。

　登山口❶はこの水とエネルギー館から駐車場へ向かい、その先の左にある。

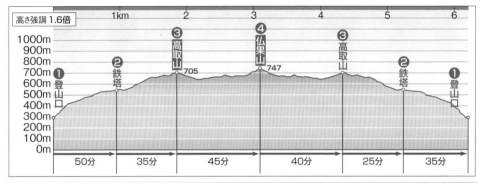

| 高さ強調 1.6倍 | 1km | 2 | 3 | 4 | 5 | 6 |

❸ 高取山 705

❹ 仏果山 747

❸ 高取山

❷ 鉄塔

❷ 鉄塔

❶ 登山口

❶ 登山口

1000m
900m
800m
700m
600m
500m
400m
300m
200m
100m
0m

| 50分 | 35分 | 45分 | 40分 | 25分 | 35分 |

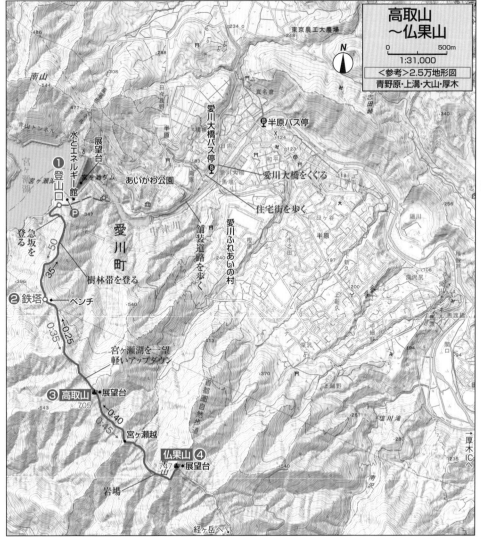

高取山
～仏果山

0   500m
1:31,000
<参考>2.5万地形図
青野原・上溝・大山・厚木

N

東京農工大農場

半原バス停

愛川大橋バス停

愛川大橋をくぐる

住宅街を歩く

水とエネルギー館

展望台

あいかわ公園

❶ 登山口

P

急坂を登る

愛川町

樹林帯を登る

愛川ふれあいの村

舗装道路を歩く

❷ 鉄塔 ベンチ

宮ヶ瀬湖を一望
軽いアップダウン

❸ 高取山 展望台
705

宮ヶ瀬越

仏果山 ❹
747 展望台

岩場

経ヶ岳へ

厚木ICへ

①高取山からの展望。青々とした宮ヶ瀬湖越しに丹沢の山並みが確認できる。まるで箱庭のような印象を受ける。②宮ヶ瀬ダムは首都圏最大級の規模を誇っており、観光客のための観光放流が行われる。③宮ヶ瀬湖の湖面から登山道を登りきった地点。ここから稜線を縦走する。④写真③の場所から見下ろす宮ヶ瀬ダム。ひと休みしたら出発しよう

登山道に入ると、すぐに宮ヶ瀬湖の湖面ぎりぎりまで下る。そこから一気に急斜面を登る。ほとんどが階段状に造られた道だ。手摺り代わりのロープが張られた箇所では、悩むことなくそれに頼るといい。上方に左から合流してくる小さな尾根が見えてくると、勾配はさらに増す。しかし、息の上がらないスピードを保てば、意外に早くベンチのある肩に乗れる。ほぼ真下にダムの展望台が見える場所だ。ここで最初の休憩としよう。

小休止の後、尾根道を進む。すぐに右下に宮ヶ瀬湖が見えてくる。その奥に広がるのが丹沢主脈で、その山深さを実感できる。丹沢に抱く憧れにも似た感情が、さらに高まるだろう。

鉄塔❷の脇を抜けると階段状に整備された尾根道になる。歩きやすいが、勾配は少しばかりきつい。小さなピークに立った後は、大きく下る。下りきったら、ロープが張られた岩が目立つ道を登っていく。正面に鉄塔の展望台が見えたら、そこが**高取山❸**の山頂だ。

丹沢の山深さを実感しよう

高取山は小広い台地状の頂で、丹沢主脈の展望に優れている。展望台からその素晴らしい眺めを存分に楽しもう。

高取山から尾根道をアップダウンして進む。1.3kmほど歩けば、仏果山に着く。山頂の手前で最後に急勾配の道を登るとT字路のようなところに出る。ここを左へ行けば**仏果山❹**の山頂だ。

樹木に囲まれていて、さほど展望に恵まれているとはいえないが、それでも高取山と同じような展望台がしつらえられている。ここに登れば眺望は一変し、一段登っただけとは信じられないほどの景色が広がる。宮ヶ瀬湖の眺めも素晴らしい。展望台の下にはテーブルもあるので、高取山では小休止だけにとどめ、ここまでランチを我慢するのも名案といえる。

⑤高取山山頂の展望台は13m。休憩は展望台の前辺りがいい。展望を楽しむのは秋〜冬がベスト。冬に登るなら積雪情報を確実に得ること。⑥高取山の展望台。⑦仏果山の展望台は高さ10m。こちらも展望台下のベンチが休憩ポイントになる。⑧仏果山山頂の小さな石仏たち。この山には上人が座禅修行をしたといわれる座禅石という石があったが、人知れずいつの頃か仏果沢に落下してしまったらしい。⑨高取山から仏果山にかけては歩きやすい道が続く

先ほど左に進んだ地点まで戻り、そこを直進すれば弘法大師ゆかりの伝説が残る経ヶ岳へ通じるコースだが、クルマを置き去りにすることになってしまうので、今回は往路を戻ることにし、この先は次の機会の楽しみにしておこう。

下山後にも
さまざまなお楽しみが

下山後も、あいかわ公園で童心に帰って遊んだり、水とエネルギー館で学んだり、ダムの見学を楽しんだり、さまざまなお楽しみが待っている。あいかわ公園の工芸工房村で、当地に伝わるさまざまな伝統工芸の製作体験をするのも楽しい。先を急いで、事故を引き起こしてしまうのは論外で、慎重に安全に山を下りるのは当然だが、予定よりも早めに山から下り立ったとしても、時間を持て余すことはない。山中での時間が物足りなくても、歩き足りないと不満が残ったとしても、下山後のお楽しみで帳尻が合うどころか、おつりがくるほどの楽しいコースとなることは間違いないはずだ。

宮ヶ瀬ダム

横浜、川崎、横須賀などの神奈川県東部15市町村の水道用水の確保と発電のため、平成13年（2001年）に造られた首都圏最大規模のダム。宮ヶ瀬湖はそのときに造られた人造湖。

💧 **水場** 高取山〜仏果山のコースに水場はない。スタート地点のあいかわ公園で水のペットボトルを購入すること。

🚻 **トイレ** あいかわ公園、宮ヶ瀬ダムにあるが、登山道沿いや山頂にはない。

●問合せ先
愛川町観光協会 ☎046-285-2111
あいかわ公園 ☎046-281-3646

10 深い樹木に囲まれた首都圏に近い百名山 　初級

天城山
あまぎさん

標高	1406m(万三郎岳)
歩行時間	4時間30分
最大標高差	400m
体力度	★☆☆
技術度	★☆☆

1/2.5万 地形図	天城山・湯ヶ島

登山適期とコースの魅力

1月	2月	3月	4月	5月	6月	7月	8月	9月	10月	11月	12月
積雪期			新緑		梅雨		夏山		秋山	紅葉	晩秋

アケビ　　　　アズマシャクナゲ　　アセビ
サラサドウダン　　トウゴクミツバツツジ　　アマギアマチャ

展望 必ずしも展望に恵まれた山とは言い難いが、万二郎岳手前の岩から富士山が見える。
花 5月から6月にかけてマメザクラやトウゴクミツバツツジ、ドウダンツツジなどが見られる。
紅葉 登山道脇の木々はきれいに色づく。11月上旬〜下旬頃がおすすめ。

🌸 登山道でヤマツツジやミツバツツジ、アセビなどが観察できる。
☀️ 樹林帯が多く暑く感じるが緑は豊富。
🍁 ブナやヒメシャラなどが紅葉して美しい。
❄️ 積雪はあるが多くの人が登っている。

アズマシャクナゲは5月下旬〜6月中旬

アクセス

東名高速道路 厚木IC → 小田原厚木道路、箱根新道、県道20号、伊豆スカイライン 112km → 登山者用駐車場 無料 → 5時間 → 登山者用駐車場 無料 → 伊豆スカイライン、県道20号、箱根新道、小田原厚木道路 112km → 東名高速道路 厚木IC

東京方面からは東名高速道路厚木ICから小田原厚木道路で小田原方面へ。小田原西IC付近が複雑だが「箱根新道」の案内に従って進む。箱根新道を登って箱根峠で「伊豆スカイライン」の案内に従って熱海方面へ。熱海峠から伊豆スカイラインを終点の天城高原まで走る。料金所を出たらすぐ右へ。天城高原ゴルフコースの敷地に駐車場がある。

コースガイド まずシャクナゲコースを万三郎岳へ

　名作『伊豆の踊子』の印象的な舞台として登場する天城峠から天城山へ縦走するコースもあるが、アプローチに時間がかかるうえ、歩行時間的にも日帰りは厳しい。駐車場に戻る制約もあることから、今回は伊東市側の天城縦走登山口から万二郎岳、万三郎岳をめぐって登山口に戻るルートを紹介する。

　駐車場の脇にあるトイレを利用してから、出発する。天城縦走路入口の看板に導かれるようにして、ヒノキが広がる登山道に入る。いきなり道は下り始める。小さな木橋を渡り、涸れ沢のような道を進む。その後は、土がえぐれてできたような道になる。登山口から

①天城縦走登山口駐車場。無料で100台ほど駐車できる。②天城縦走登山口駐車場にある登山者用トイレ。③車道沿いにある登山口。④登山道は歩きやすいが荒れている

400mほど歩くと、立派な道標に出会う。ここまでの間にも1本あるので、道標が整備された山と安心感が増す。

　木の根が露出した道や階段登りが続く。あ

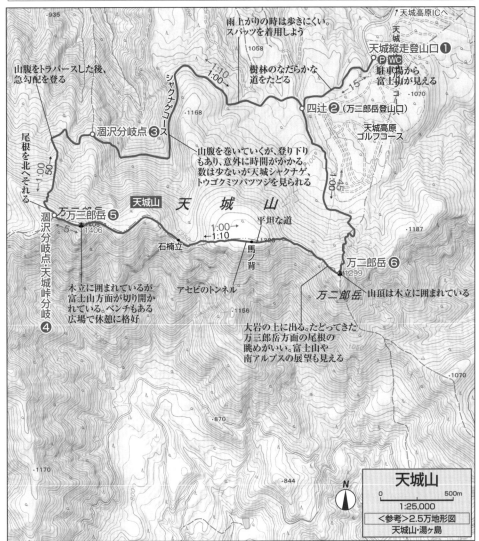

雨上がりの時は歩きにくい。スパッツを着用しよう

山腹をトラバースした後、急勾配を登る

尾根を北へそれる

樹林のなだらかな道をたどる

天城縦走登山口 ❶

天城高原ICへ

駐車場から富士山が見える

四辻 ❷（万二郎岳登山口）

天城高原ゴルフコース

シャクナゲコース

涸沢分岐点 ❸

山腹を巻いていくが、登り下りもあり、意外に時間がかかる。数は少ないが天城シャクナゲ、トウゴクミツバツツジを見られる

天城山 天 城 山

平坦な道

万三郎岳 ❺ 1406

石楠立

馬背

涸沢分岐点・天城峠分岐 ❹

木立に囲まれているが富士山方面が切り開かれている。ベンチもある広場で休憩に格好

アセビのトンネル

万二郎岳 ❻ 1299

万二郎岳 山頂は木立に囲まれている

大岩の上に出る。たどってきた万三郎岳方面の尾根の眺めがいい。富士山や南アルプスの展望も見える

天城山

N

0 500m

1:25,000

＜参考＞2.5万地形図

天城山・湯ヶ島

⑤⑥

⑦⑧

⑤ベンチが置かれた四辻。コースは
ここを起点に周回することになる。ま
ずここからシャクナゲコースを歩いて
万三郎岳に向かう。シャクナゲの季
節には休憩する人の多い場所だ。⑥
涸沢分岐点からはシャクナゲなどの樹
木の多い道を歩く。⑦天城山は苔む
した大木の多い山域でもある。⑧
万三郎岳の山頂。比較的広い山頂
だが展望を得ることは難しい

まり足場がいいとはいえないが、よく踏まれ
ているので苦労することはない。正面に大き
な看板が見えてきたら、そこが**四辻❷**。ベン
チがあるので少し休憩し、右へ進む。

四辻からの道はシャクナゲコース。一時、
シャクナゲ保護のため入山禁止になっていた
道だ。再びそうしたことにならないように、
草木を傷めたりしないように。

岩の転がる道から上空が開け、明るい道に
なる。シャクナゲが見られるエリアだ。道標
が立つ地点で直角に曲がる。勾配はそれほど
きつくない。土の感触も柔らかく心地いい。

周囲にブナが見られるようになると、登山
道に岩が目立つようになる。つまずかないよ
うに注意して歩こう。道は大きく右へ左へと
曲がる。苔むした道になると、万三郎岳まで
は2km弱。登り勾配がきつくなるので、休憩
をとりながら進もう。さらに苔むした道を行
く。シャクナゲの木の間をジグザグに登れば
涸沢分岐点❸に到着する。

涸沢分岐点で直角に左に曲がる。万三郎岳

まで1kmほどだ。ブナの木が目立つ場所で、
岩が転がる涸れ沢を登る。その後は木に巻か
れたテープを頼りに、ブナとシャクナゲが混
生する斜面を歩く。土の流失止めを兼ねた丸
太の階段を登るようになると、前方に見える
登山道の上空が明るくなる。稜線は近い。

展望を楽しむなら
山頂より稜線で

万三郎岳まで0.6kmの道標にたどり着くと、
明るい林が続く。足元に注意しながら、崩れ
かけた階段を登る。道
が平坦になれば、ほど
なく**涸沢分岐点・天城
峠分岐❹**。ここで八丁
池、天城峠方面へ向か
う縦走路と分かれる。
万三郎岳まで高低差の
少ない稜線を進む。

万三郎岳山頂❺は樹
木に囲まれ、展望を得

石楠立（はなだて）。万三
郎岳まで1.2kmだ

50

⑨万二郎岳の登りにかかる地点から眺める東伊豆方面の展望。相模灘の広がりも確認できる。⑩木々に囲まれた万二郎岳山頂。ひと休みしたら下山しよう。⑪万二郎岳から四辻に下る道。階段は歩きやすい。⑫時折りシカと遭遇することがあるが、驚かさないように要注意。⑬四辻。往路で通った場所だ。ここで周回したことになる

ることはできない。富士山の展望が最も期待できる晩秋でも厳しいが、かつては富士山はおろか南アルプス、箱根の山並みや伊豆七島なども見えていたという。その雄大な展望は若山牧水も美しい紀行文に残している。

　ベンチで休憩したら、天城縦走路を万二郎岳へ向かう。ゆるやかに下っていくと、海が見えてくる。勾配のきつい階段を下ると石楠立(はなたて)に着く。かたわらに置かれた丸太で休憩。

　石楠立から広い登山道を進むと、すぐにハシゴの掛かる岩場に出る。今回のルートでは登りになるので、それほど危険はない。慎重に岩場を越え、アセビのトンネルを歩く。

　ここを抜けると馬ノ背。伊豆半島東部の海岸や初島、大島などが見える。さらに細い尾根道を進む。短いハシゴを登り、明るい道を進むと木の間から富士山が見えてくる。

　道の先に見えるのが**万二郎岳❻**。そこへ向けての最後の登りは、大小の岩が転がる直線的に延びる尾根。その先が万二郎岳山頂だ。

　山頂はさほど広くなく、樹木に囲まれ、展望もない。ベンチでしばらく休憩しよう。

　下山は林のなかを下る。両サイドがえぐれている道を進み、階段を下降する。林を抜け、河原のようなところを歩く。四辻は近い。

　四辻のベンチでひと休みし、往路を戻る。

石楠立先の登り

石楠立を過ぎると階段状の登りになる。当然下ってくる人も多いので、すれ違いには注意しよう。バランスを上手に取らないと転倒の危険がある。階段は定期的に入れ替えられるが、渋滞のような状態のときは一歩一歩を確実に踏み出すことが大切。

水場　登山口の天城縦走登山口駐車場にあるトイレの水は飲用不可。さらに山中に水場はないので、事前に用意する必要がある。

トイレ　登山口の天城縦走登山口駐車場にある。

●問合せ先
伊東観光協会 ☎0557-37-6105

11 | 五つの山頂を繋ぐ縦走感が魅力

初・中級

標高	392m（鷲頭山）
歩行時間	6時間20分
最大標高差	350m
体力度	★★☆
技術度	★☆☆

沼津アルプス
ぬまづ

1/2.5万
地形図 　沼津・三島・
大瀬崎・韮山

登山適期とコースの魅力

1月	2月	3月	4月	5月	6月	7月	8月	9月	10月	11月	12月
積雪期			新緑		梅雨		夏山			秋山	晩秋

サクラ
ウラシマソウ
タツナミソウ
センテイカ
アキノタムラソウ
イワギボウシ

展望　伊豆半島の入口に聳える五つの峰を縦走するため、どこからでも駿河湾が展望できる。
花　春が訪れるとスミレやアセミ、ノイチゴ、サクラなどの花を観察することができる。
紅葉　例年11月中旬頃が見頃のようだ。例年11月上旬に色付き中旬～12月上旬まで楽しめる。

春　最も登山の多い季節。花見を兼ねて縦走する人が多い。
夏　海風は心地いいが、樹林帯の中は蒸し暑い。
秋　紅葉を楽しみながら歩くことができる。
冬　数回雪が降る程度だが事前に要確認。

JR沼津駅。駅前に有料の駐車場がある

アクセス

東名高速道路沼津IC → [🚗] 沼津ぐるめ街道 6km → [👟] 沼津駅前駐車場 → 6時間20分 → 沼津駅前駐車場 → [🚗] 沼津ぐるめ街道 6km → 東名高速道路沼津IC

東名高速道路沼津ICからJR沼津駅まではおよそ6km。インターを下りたら、沼津ぐるめ街道と名付けられた道を下る。そのまま道なりに走行して、東海道新幹線の線路をくぐる。ここで国道1号には乗らず直進してJR御殿場線の線路沿いを走ればJR沼津駅に到着する。駅前にタイムズ、リパークワイドなどの有料駐車場がある。300台駐車可能。

コースガイド 登山口までは沼津の市街地歩き

沼津駅❶周辺の駐車場にクルマを置いて、歩き始める。公共交通機関でもアクセスしやすいので、週末になると多くの登山者が見受けられる。縦走気分が味わえるのも、人気の秘密かもしれない。

まず沼津市役所を目指す。三園橋を渡り、市役所前を左折する。左手の住宅街の上に富士山が大きく見える。歩き始めて20分ほどで**香貫山登山口❷**に着く。民家の脇にあるような登山口らしからぬ登山口だが、道標はしっかりしているので迷わずにたどり着ける。

階段状の道から斜面を登れば香陵台。ここにトイレがある。ここから夫婦岩を経由して

左：香貫山の登山口。右：絶景が楽しめる香貫山の展望台

香貫山山頂❸に登る。駿河湾が眼下に広がる。

香貫山から下ると展望台に出る。明るく広い台地状のところで、富士山と駿河湾の展望が素晴らしい。中央に建つのが展望塔。時間の許す限り展望を満喫しよう。この先ではこれ以上の富士山展望ポイントはない。

展望塔の下から八重坂方面へ舗装路を下る。車止めのゲートを二つ越えると横山の道標に出合う。これに従い、車道を左へ。右側のコンクリートの塀が途切れた箇所が**八重坂峠❹**

高さ強調4.1倍　1km　2　3　4　5　6　7　8　9　10　11　12

800m
700m
600m
500m
400m
300m
200m
100m
0m

沼津アルプス

❶沼津駅
❷香貫山登山口
❸香貫山 193
❹八重坂峠
❺横山峠
❻徳倉山 256
❼志下峠
❽鷲頭山 392
❾多比口峠
❿大平山 356
❾多比口峠
⓫多比

20分　50分　40分　45分　45分　1時間　35分　25分　15分　10分　35分

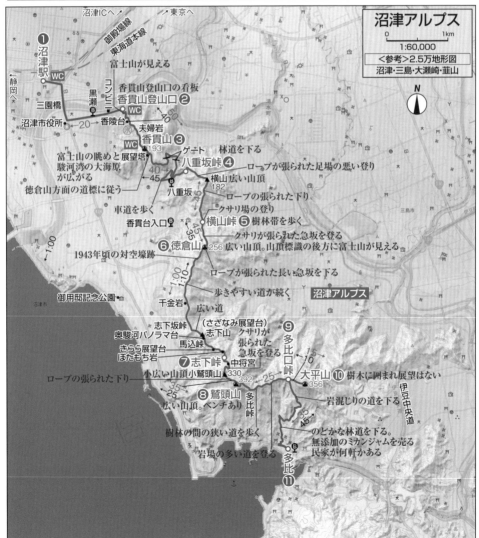

沼津アルプス

0　　　　　1km
1:60,000
<参考>2.5万地形図
沼津・三島・大瀬崎・韮山

N

沼津アルプス

沼津ICへ　東京へ
御殿場線
東海道本線

❶沼津駅　WC
富士山が見える
黒瀬
三園橋
香陵台
沼津市役所
香貫山登山口の看板
香貫山登山口❷　WC
コンビニ
20
夫婦岩
❸香貫山 193　WC
ゲート
林道を下る
八重坂峠❹
富士山の眺めと展望塔
駿河湾の大海原が広がる
徳倉山方面の道標に従う
40
45
八重坂
ロープが張られた足場の悪い登り
横山広い山頂 182
ロープの張られた下り
クサリ場の登り
車道を歩く
香貫台入口
横山峠❺樹林帯を歩く
クサリが張られた急坂を登る
❻徳倉山 256　広い山頂。山頂標識の後方に富士山が見える
1943年頃の対空壕跡
ロープが張られた長い急坂を下る
歩きやすい道が続く
御用邸記念公園
千金岩
広い道
沼津アルプス
沼津市

志下坂峠
(さざなみ展望台)
志下山
奥駿河パノラマ台
馬込峠
きらら展望台
ぼたもち岩
❼志下峠
中将宮
小広い山頂小鷲頭山 330 392
❾多比口峠
クサリが張られた急坂を登る
大平山❿ 356　樹木に囲まれ展望はない
ロープの張られた下り
35
25
❽鷲頭山　多比峠
広い山頂。ベンチあり
岩混じりの道を下る
伊豆中央道
樹林の間の狭い道を歩く
45
のどかな林道を下る。無添加のミカンジャムを売る民家が何軒かある
岩場の多い道を登る
⓫多比

東名・新東名　沼津アルプス

53

香貫山山頂の展望塔から眺める駿河湾と富士山。その間に広がるのは沼津市街。広がりのあるロケーションが魅力だ

で、横山の登山口になる。

　ここからロープが張られた足場の悪い道を登る。勾配もきついが長くは続かず、すぐに平坦になる。再び登りになれば、横山山頂に到着する。展望が期待できる山頂ではない。

富士山の姿が美しい
徳倉山山頂

　横山山頂から斜面を下って、横山峠を目指す。**横山峠❺**で右へ行くとすぐに徳倉山の登山口がある。ここに入り、樹林帯を登る。軽くアップダウンを繰り返した後、階段状の道

左：香貫山の水飲み場。ボトルの中身が少ないようなら必ず給水していこう。
右：さざなみ展望台で小休止。

を登ると**徳倉山❻**。山頂は広い草地。気に入ったところで休憩しよう。山頂標識の後方に富士山の大きな姿が広がっている。

　徳倉山の山頂からは急斜面を下ることになる。滑りやすい道なので、ロープを頼りに下る。下り終わると比較的平坦な歩行になる。駿河湾が見えてくると千金岩に出る。進行方向正面に見えるのが鷲頭山だ。

　千金岩からいったん下り、海を眺めながら歩く。ほとんど平坦で快適な道だ。志下坂峠を過ぎ、志下山（さざなみ展望台）に着く。登山道の脇で、多くの登山者が休憩している。海風が心地いい。奥駿河パノラマ台、きらら展望台、ぼたもち岩を過ぎる。その先が**志下峠❼**だ。

　峠からわずかに登ると、平重衡を祀った中将宮。清盛の五男として生まれ、平家最後の将軍として自害した悲運の武人の墓。大きな岩を利用した簡素な宮だ。

①さざなみ展望台からのロケーション。穏やかな駿河湾が眼下に広がり心地いい。②平重衡が祀られた中将宮。平家最後の将軍として自害した武人だ。③鷲頭山山頂。沼津アルプスで一番標高が高い場所だ。④沼津アルプス縦走最後の山がこの大平山。展望には恵まれていない。⑤多比口峠からの下り道。ミカン畑の脇を下る。途中にミカンの無人販売（テント）が出店していることもある

中将宮から短いクサリが張られた道を登る。その後、岩や木の根が露出した斜面をひと登りすると小鷲頭山。山頂の後ろに重衡が自害したといわれる小さな台地がある。

ひと息入れ、ロープが張られた登山道を下る。鞍部から登り返せば鷲頭山山頂⑧だ。広い草地の山頂は休憩に適している。ベンチで小休止。ここは、コースの最高地点でもある。

鷲頭山から少し急勾配の道を下る。ロープが張られている箇所もあるが、頼らなくても大丈夫。多比峠まで下ったら、そこから樹林帯に延びる細い道を進む。大きな岩の上を上下するようになると多比口峠は近い。ステップが刻まれた岩ではそれを利用して歩く。

多比口峠⑨から樹林帯に延びる道を進めば**大平山山頂⑩**。展望はないが、広く静かだ。

山頂からは多比口峠まで戻り、道標に従って多比バス停を目指す。最初は急勾配だが、少しずつ勾配がゆるんでくる。20分ほどで登山道から林道に変わり、ミカン畑が広がるなかを下るようになる。途中にはミカンジャ

ムを販売する民家が点在する。沼津アルプス土産にちょうどいい。

車道を左に進んだところにバス停がある。沼津駅まではおよそ30分のバス旅だ。

駿河湾の展望

沼津アルプスの特徴の一つに富士山の展望が挙げられるが、コース上で常に目にするのが駿河湾の眺め。縦走中に気に入る場所があったら、そこで休憩しながら海を眺めてみるのもいい。多くのハイカーが自分の気に入った場所で休憩している。

水場　香貫山の手前に「水飲み場」があるが、他にはないので、事前に用意する必要がある。沼津駅周辺のコンビニなどで購入しよう。

トイレ　登山口と香貫山山頂にあるが、それ以外にはない。

●問合せ先
沼津観光案内所 ☎055-964-1300

12 | 奥多摩三山に数えられる名峰に登る

初・中級

標高	1266m
歩行時間	5時間20分
最大標高差	858m
体力度	★★☆
技術度	★☆☆

1/2.5万地形図	武蔵御岳・奥多摩湖

大岳山
（おおだけさん）

登山適期とコースの魅力

1月	2月	3月	4月	5月	6月	7月	8月	9月	10月	11月	12月
積雪期	残雪		新緑		梅雨		夏山		秋山	紅葉	晩秋

レンゲショウマ
ギンレイソウ
ミツバツツジ
ソウリンドウ
アキノキリンソウ

展望 山頂からは大菩薩嶺、三ッ峠山などが見える。地図を広げて山座同定を楽しもう。
花 4月から5月にかけてエイザンスミレやニリンソウ、マルバスミレなどの花が咲く。
紅葉 御岳山、大岳山の紅葉シーズンは11月上旬～中旬。紅葉狩り目的の登山者も多い。

春 サクラの季節になると多くの登山者が御岳山を中心に集まる。
夏 湿度の低い日なら展望が楽しめる。
秋 紅葉はきれいだが、立枯れした木に注意。
冬 積雪がなければ登れる。防寒対策は完璧に。

滝本駅の駐車場。早朝には満車になる

アクセス

圏央道日の出IC	→(車) 国道411号・吉野街道 20km	滝本駅駐車場	ケーブル御岳山駅	→(徒歩) 5時間20分	ケーブル御岳山駅	滝本駅駐車場	→(車) 吉野街道・国道411号 20km	圏央道日の出IC

圏央道日の出ICを出たら国道411号（滝山街道）に入る。道なりに進んで畑中1丁目で吉野街道に入る。この道は多

摩川を挟んで国道411号と並行している。御岳橋の信号を過ぎると左に赤い鳥居が見えてくる。この鳥居をくぐって

登り勾配の道を進む。終点が御岳山ケーブルの滝本駅で、有料の駐車場がある。約150台収容可能。1時間350円。

コースガイド 御岳山まではウォーミングアップ気分で

御岳山（みたけさん）へ登るケーブルカーの滝本駅周辺の駐車場を利用し、出発する。ケーブルカーと並行して徒歩で登る道もあるので、ウォーミングアップの代わりに歩くのもいいだろう。山頂近くの**御岳山駅❶**まで約1時間だ。

駅前には食事処や土産物店が並んでいる。休日には観光客の姿でにぎわうところだ。

ここから御岳の集落に向かって舗装路を歩く。平坦で歩きやすい道だ。麓から登ってきた道と合流した先にビジターセンターがあり、さらに道なりに旅館や宿坊が点在するエリアを抜けていく。道標に従って進むと、正面に大きな木が見えてくる。これがランドマーク

①御岳山駅前の広場。飲食店が揃っている。②厳かな造りの武蔵御嶽神社。③大きな神代ケヤキ。④大岳山手前の岩場。⑤大岳神社。鳥居の前が広いので少し休憩しよう

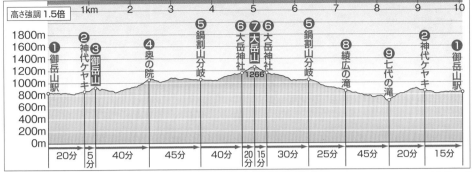

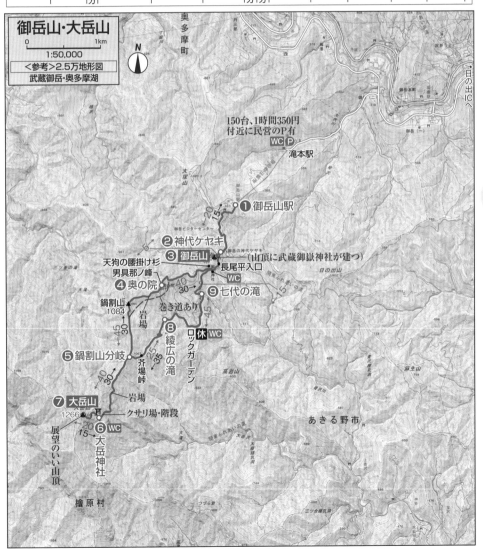

⑥⑨
⑧

⑥明るく展望に優れた大岳山。好天なら正面に富士山が見える。ここから鋸山まで縦走する人も多いが、マイカー登山では難しい。⑦ここの鳥居をくぐったところに綾広の滝がある。⑧ロックガーデンの遊歩道。トイレと休憩舎がある。⑨できれば寄ってもらいたい七代の滝。鉄の階段を上下しなければならないが、マイナスイオンが浴びられそうだ

になっている**神代ケヤキ❷**。樹齢600年といわれている古木だ。

　ここで道は二手に分かれる。左は日の出山へ通じる道だが、今日はここを右にとる。すぐに食事処や土産物店が建ち並ぶ参道のような道になる。ここを通り、鳥居をくぐれば武蔵御嶽神社の神域。階段脇には講の碑が並び、なんとなく厳かな気分になる。道順に従って階段を登りきったところが**御岳山山頂❸**で、神社の本殿が建っている。歴史を感じさせる重厚な造りに、心が洗われる気分になる。

気持ちを入れ替えて
山に入ろう

　神社に参拝する前に登ってきた石段は上下2段に分かれているが、その間から右へ分かれていく道がある。ここが大岳山への入口で、ここから道は御岳山の山腹を巻くように延びている。若干の下り勾配だ。長尾平入口を過ぎ、しばらくすると天狗の腰掛け杉と名付け

られた大木が立っている。奥の院の入口で、ここでしばらく休憩しよう。

　ひと登りして尾根に取り付く。ところどころに岩の出た急坂があり、クサリの張られた箇所があったりするので、慎重に通過する。

　右に小さな社が見えたら、そこが御嶽神社**奥の院❹**だ。ここの看板の裏手から巻き道が延びている。奥の院、男具那ノ峰をエスケープする道だ。石段を登って奥の院に参拝する。その脇を登って男具那ノ峰の山頂に立つ。岩の上にいるような感覚の頂だ。

　ここから鍋割山（24ページの山とは別）方面へ向かう。岩の出た尾根を下ると、右から登山道が合流してくる。奥の院下からの巻き道だ。ゆるやかな下りから登り返すと鍋割山山頂に着く。樹木に囲まれた平坦な山頂だ。展望はないが、もともとはここが大岳山という名称だったらしい。

　鍋割山から気持ちのいい尾根道を直線的に下る。岩場などはない土の道だ。道が平坦に

⑩大岳山の山頂から眺める富士山。遮る物のない展望が広がり心地いい。時間の許す限りのんびりしていこう。⑪大岳山に向かう道。それほど道幅が広くないので、一列で進む。この少し先で大岳神社前に出る。⑫尖った岩場の先端に像が祀られている。信仰の山であることの証しのような場所だが、ゆっくり登れば誰でも手を合わせることができる。⑬御岳山の参道に並ぶ店。食事処や土産物店が軒を並べている。⑭大小様々な岩が転がるロックガーデン。このエリアには休憩所があるので利用するといい

なると西側の展望が若干開けてくる。その後、軽くアップダウンを繰り返せば**鍋割山分岐❺**。

鍋割山分岐から南斜面を歩く。しばらくは軽いアップダウンを繰り返す。正面に大岳山が見えるようになると下りになり、小さな物置小屋の前を通る。

この先から岩の露出した登山道を登るようになる。クサリが張られたところもあるが、頼らなくてもクリアできる。鉄の階段を登り下りすれば、**大岳神社❻**に着く。神社の前に大岳山荘が建っているが、現在は休業しているということらしい。

神社の境内を登り始める。急登の斜面を進むと岩尾根に出る。足場を確保しながら岩場を登りきれば、**大岳山❼**の山頂に到着する。

山頂は小広く、展望に恵まれている。とくに富士山の雄大さには言葉を失う。山頂では日当たりを楽しみながら、時間の許す限りのんびりしよう。ゆっくりとランチを楽しむのもいい。贅沢な景色のなかでなら、カップラ

ーメンでもごちそうになる。

下山はおおむね往路を戻る。大岳神社先の岩の道は慎重に下ること。また、奥の院では巻き道を進めばいくらか危険は小さくなる。

武蔵御嶽神社

武蔵御嶽神社崇神天皇の時代に創建された神社で、古くから霊山として信仰されている。祭礼や行事が多く、連日多くの人が訪れている。紹介コースの復路時にゆっくり時間を取って参拝したい。

💧 **水場** 山域に水場はない。沢の水は飲めないので飲料水は持参すること。

 トイレ 御岳山駅、武蔵御嶽神社、大岳山荘、ロックガーデン、綾広の滝先にある。

●**問合せ先**
青梅市観光協会 ☎0428-24-2481
青梅市役所シティプロモーション課 ☎0428-22-1111

13 | 奥多摩で最も優しい山

標高	929m(御岳山)
歩行時間	2時間50分
最大標高差	521m
体力度	★☆☆
技術度	★☆☆

みたけさん・ひのでやま

御岳山・日の出山

1/2.5万 地形図	武蔵御岳

登山適期とコースの魅力

1月	2月	3月	4月	5月	6月	7月	8月	9月	10月	11月	12月
積雪期		残雪		新緑		梅雨		夏山		秋山	紅葉	晩秋
			アカヤシオ					イワタバコ			
		カタクリ				バイカツツジ		レンゲショウマ			

展望　日の出山山頂からは西～南～東方面の展望に優れている。

花　レンゲショウマやダイコンソウ、イワタバコ、バイカツツジなどが観察できる。

紅葉　紅葉の時期は11月上旬～中旬。山頂付近から少しずつ麓に広がっていく。

春　カタクリなど春の小さな花たちを登山道で観ることができる。山歩きに最も適した季節。

夏　登山者というよりも観光客が多い季節。

秋　東京の紅葉スポットとして人気がある。

冬　積雪量が少ないので厳冬期でも登山可能。

食事処や土産物店が並ぶ御岳山駅前

アクセス

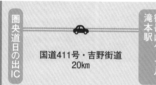

| 圏央道日の出IC | → 国道411号・吉野街道 20km → | 滝本駅 | 御岳山ケーブル | → 2時間50分 → | 滝本駅 | 御岳山ケーブル | → 吉野街道・国道411号 20km → | 圏央道日の出IC |

圏央道日の出ICから国道411号（滝山街道）に入る。道なりに走行して、畑中1丁目で吉野街道に入る。この道は多

摩川を挟んで国道411号と並行している。御岳橋の信号を過ぎると左に赤い鳥居が見えてくる。この鳥居をくぐって

登り勾配の道を走る。終点が滝本駅で有料駐車場がある。1時間350円。130台収容可。

コースガイド　ケーブルカーを登りに利用しよう

　御岳山ケーブルは麓の滝本駅と山頂近くの御岳山駅の間を約6分で結んでいる。時間の短縮や体力の温存を図って利用するのもいいが、御岳山駅から先、日の出山までの往復にはクサリやハシゴが登場するような難所もなく、また大きなアップダウンもないので散歩気分で歩くことができる。ケーブルに並行する道を復路には歩くことにしよう。登りにケーブルカーを利用して、下山時にこの道をゆっくり下る行程だ。

　滝本駅❶の有料駐車場を利用したら、ケーブルカーで**御岳山駅❷**まで登る。乗車時間は6分ほど。このときに下山時に歩く道をケー

①日の出山は金毘羅尾根からマウンテンバイクで登ってくる人も多い。②日の出山に向かう登山道。よく整備されているので歩きやすい。③神域の山域。鳥居をくぐって日の出山に向かう。④多くの登山客で混雑する日の出山山頂

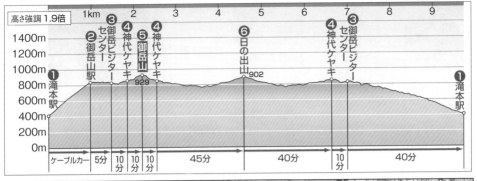

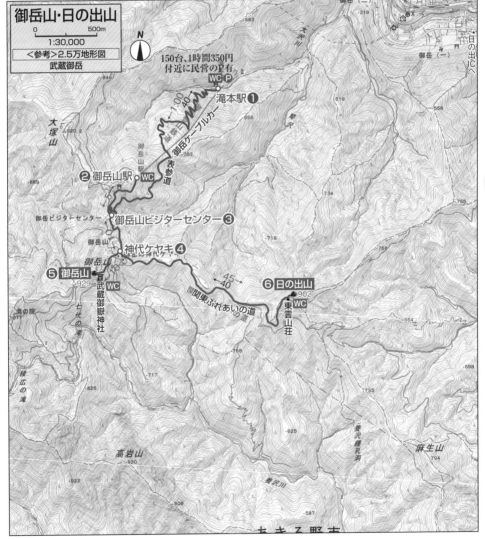

⑤日の出山山頂は展望に優れている。混んでいなければ東屋でランチにしよう。山頂からは関東平野を一望することができる。晴天ならスカイツリーも見える。⑥日の出山山頂下のトイレ。⑦武蔵御嶽神社本殿。厳かで華麗な造りに心を惹かれる。⑧表参道では逸話が書かれた看板などを読みながらゆっくり下る。途中で御岳山ケーブルカーの軌道下を歩く

ブルカーの車内から確認しておくと安心。

山上の集落の
にぎわいに驚く

　御岳山駅前には土産物店や食事処がある。休日には観光客の姿が多い場所だ。ここから御岳の集落に向けて舗装された道を進む。麓の滝本駅から登ってくる道（下山時歩く道）と合流した先に**ビジターセンター❸**がある。

　道なりに進む。旅館や宿坊が点在するエリアだ。道標に従って歩くと正面に大きな木が見えてくる。これが樹齢600年といわれる**神代ケヤキ❹**。

　ここで道は二つに分かれるが、神代ケヤキの前を右に登る道を選択する。すぐに食事処や土産物店が並ぶ参道のような道になる。ここを歩いて鳥居をくぐれば神域に入ったことになる。階段脇には講の碑が並び、厳かな雰囲気が漂ってくる。道順に従って階段を登りきったところが**御岳山山頂❺**。ここに武蔵御嶽神社が建っている。歴史と風格が感じられ

る重厚な造りの神社だ。正面に見えているのは日の出山。

　御岳山から往路を食事処や土産物店が並ぶ通りまで戻る。紅葉屋という食事処の先で右に下ると、日の出山に向かう道に合流する。道標に従って進むと山楽荘という旅館の前で山道になる。この道をゆっくり歩く。樹林帯に入ると鳥居が見えてくる。そこをくぐって少し急な道を登れば山頂の一段下、東雲山荘とトイレのある小さな台地に着く。この上が**日の出山山頂❻**だ。

　山頂には東屋が建ち、好天なら新宿の高層ビル群やスカイツリー、丹沢、富士山などが

左：完全舗装された表参道。車道扱いなので通行には注意しよう。
右：日の出山に向かう登山道。木漏れ日が心地いい

62

⑨日の出山山頂南側の展望。空気が乾燥した日が登山びよりになる。⑩関東ふれあいの道の石柱が建つ日の出山。関東ふれあいの道は総延長1800km。関東一都六県を一周する自然歩道だ。⑪日の出山山頂から眺める大岳山。特徴的な山容だ。次回は御岳山から大岳山に登ってみるのもいいかもしれない

見える。湿度の低い好天日なら三浦半島まで展望できるようだ。広い山頂で時間の許す限りのんびりしていこう。

御岳山ビジターセンターから表参道を下る

　日の出山でゆっくりしたら、往路を**御岳山ビジターセンター❸**まで戻る。ここで往路ではなく、表参道と呼ばれる古い参詣道を下る。この表参道は舗装された道で御岳の集落に住む人たちの生活道路になっている。そのため、許可車両以外は通行禁止になっている。クルマの通行は少ないが、すれ違う時は道の端に避けて安全を確保すること。通り過ぎるクルマは徐行してドライバーが挨拶してくれるのが印象的だ。ひょっとしたら、日本で一番優しい車道なのかもしれない。

　この道の楽しさは、さまざまな逸話を残す碑や看板が10本ほどあること。くろもん、やまのかみ、あんまがえし、だいこくのお、じゅうやくぼ、だんこどう、なかみせ、おおまがり、うまたてば、ろくろっ首などだ。そのいわれを読みながら、当時の状況を想像し

て下るのが楽しい。およそ40分ほどの時間だが、タイムスリップしたような不思な経験ができるはずだ。下り着いた地点が駐車場のある**滝本駅❶**だ。

初心者に最も優しい山

紹介するコースは初心者に優しく設定しているが、下山時に疲れていたら、迷わずにケーブルカーで下山しよう。そうすることにより40分ほど設定歩行時間を短縮することができる。絶対に無理をしないことが山歩きの鉄則。体力やその日の体調に合わせた歩き方を選択しよう。

💧 **水場**　コース上に水場はない。御岳山駅の売店などで購入。前提として必要な物は出発前に揃えるのが鉄則。

🚻 **トイレ**　御岳山駅、御岳山、日の出山頂下にある。

● **問合せ先**
日の出町役場産業観光課 ☎042-588-4101
青梅市観光協会 ☎0428-24-2481

14 奥多摩エリアの楽しさを凝縮した山

初・中級

かわのりやま
川苔山

標高	1363m
歩行時間	5時間25分
最大標高差	1010m
体力度	★★☆
技術度	★★☆

1/2.5万 地形図	武蔵日原・原市場・奥多摩湖・武蔵御岳

登山適期とコースの魅力

1月	2月	3月	4月	5月	6月	7月	8月	9月	10月	11月	12月
積雪期			新緑		梅雨	夏山			秋山	紅葉	晩秋

ヤマブキ
ミヤマキケマン
タチツボスミレ
アキグミの花

展望　山頂からは富士山や奥多摩エリアの深い山並みが眺められる。
花　5月のシロヤシオやトウゴクミツバツツジが美しい。花の百名山にも選定されている。
紅葉　10月下旬頃から11月の中旬過ぎくらいまでが見頃。登山道を埋める落ち葉がきれい。

春 4月中旬を過ぎた頃に春が訪れるようだ。その頃になると登山道脇に小さな花たちが咲く。
夏 登山道は樹林帯を歩く箇所が多く暑い。
秋 10月中旬過ぎから11月中旬が紅葉の見頃。登山道が赤く染まる様子は圧巻。
冬 12月中旬〜3月までは積雪情報を確認する。

町営鳩ノ巣駐車場。トイレがある

アクセス

圏央道日の出IC — 国道411号 30km — 町営鳩ノ巣駐車場 — 5時間25分 — 町営鳩ノ巣駐車場 — 国道411号 30km — 圏央道日の出IC

圏央道日の出ICで下りたらすぐの信号を右へ。瀬戸岡の交差点で左折して、そのまま国道411号を北上。途中から

JR青梅線と並行するようにして多摩川沿いを走る。そのまま道なりに走れば鳩ノ巣駅に着く。駅の信号を越えたと

ころに町営鳩ノ巣駐車場がある。看板が立っているので見過ごさないように要注意。Uターンするのに苦労する。

コースガイド

退屈な杉林の細い登山道を淡々と歩く

川苔山の標高は1363m。分類からすると低山に近いのだが、歩行時間が長く体力を必要とする。道のりも険しく道迷いを起こす危険もあるので、十分に注意しながら挑戦しよう。要所での道標の確認を怠らないこと。

町営鳩ノ巣駐車場❶を出たら、道標に従って鳩ノ巣駅方面へ。青梅線の線路を渡り、棚沢の集落を進む。勾配がある上、クルマも通行するので注意しよう。

15分ほど歩くと熊野神社が見えてくる。そのまま進み、登山の無事をお願いしていこう。道標に従って山道に入るが、うっそうと草が生い茂り少し歩きにくい。道が杉林に入ると、

①登山口を入ると民家の脇を登ることになる。迷惑にならないように静かに通り過ぎよう。②登り始めると奥多摩の山並みが見えてくる。③大根ノ山ノ神（山々を司る神様）で登山の無事をお願いしよう。④樹木の間の日当たりのいい道を登る

少しずつ急登になる。息が切れないスピードで登ることを心がけよう。目の前が少し開けたら、そこが**大根ノ山ノ神❷**。さほど広い場所ではないが少し休憩していこう。

高さ強調 1.6倍

1km	2	3	4	5	6	7	8	9	10	11	12

① 町営鳩ノ巣駐車場
② 大根ノ山ノ神
③ 大ダワ
④ 大ダワ、大根ノ山ノ神への分岐
⑤ 舟井戸
⑥ 川苔山 1363
⑤ 舟井戸
④ 大ダワ、大根ノ山ノ神への分岐
② 大根ノ山ノ神
① 町営鳩ノ巣駐車場

2000m 1800m 1600m 1400m 1200m 1000m 800m 600m 400m 200m 0m

50分	1時間	20分	30分	25分	20分	20分	1時間10分	30分

川乗山

0　　　　500m
1:36,500
<参考>2.5万地形図
武蔵日原・原市場・奥多摩湖・武蔵御岳

広い尾根道

⑥ 川乗山
1363

広い山頂。奥多摩の
山々が見渡せる

赤杭山への分岐

⑤ 舟井戸 ベンチ

ベンチ

④ 大ダワ、大根ノ山ノ神への分岐

③ 大ダワ

整備されて歩きやすい
林道歩きが続く

コブタカ山▲

本仁田山

本仁田山▲1225

② 大根ノ山ノ神

やや急な坂道

草の道

熊野神社
棚沢の集落

正法院

線路を越えて
熊野神社へ

① 町営鳩ノ巣駐車場
30台、無料 🅿 WC
354m

鳩ノ巣駅

日の出ICへ

⑤川苔山山頂からの展望。晴れてさえいれば広がりのある展望が楽しめる。⑥山中の道標もしっかりしている。⑦大ダワ。ここから山頂までは2.2km。⑧コース上の要所には休憩用のベンチが設置されている。こうした箇所を上手に使って疲れない山歩きを楽しもう。⑨山頂下の分岐。ここで道標に従って鳩ノ巣駅方面へ下山。道標には「6.6km」と表示されている。焦らずにゆっくり土の感触を味わおう

ここで道は二つに分かれる。どちらからアプローチしてもいいが、歩行時間の短い左側の道を選択。大ダワへ向かう。両サイドにはスギやヒノキがきれいに植林されている。周囲が雑木林に変わると日当たりがよくなってくる。しばらく歩くと開けた場所に出るので、そこでゆっくり休憩しよう。

1時間ほどスギとヒノキが混在した道を進む。明確な一本道で迷うことはないが、常に自分の居場所を地図等で確認しながら歩くようにしよう。また、木々にも印が付けられているので安心だ。

大ダワまで1時間ほどだが、適当な場所で休憩することを心がけよう。大ダワに近づいてくると、やせた沢筋のトラバース路や細い岩の足場があるので慎重に歩くこと。最後に石垣の道を抜ければ**大ダワ❸**に到着する。

大ダワで本仁田山〜コブタカ山〜舟井戸を結ぶ稜線に乗ったことになる。ここから山肌を巻く道に入るので小休止しよう。

大ダワからは 山肌を巻いて進む

大ダワから舟井戸までは50分ほど。人ひとりしか歩くことのできない細い道を歩くことになる。山肌に沿った極細の道だが、踏み跡に沿って歩けばそれほど危険ではない。季節によっては倒木のあることも多いので、常に足元には注意が必要。この細い道は各所で寸断されている。そうした箇所には桟橋が岩に取り付けられている。休憩ポイントはないので、後続の登山者の状況を確認しながら歩くことも必要。また、すれ違う際は声を掛け合って進むか、待つかを判断しよう。**舟井戸❺**の道標が立つ地点でこの道は終わり、後は歩きやすい尾根道をたどって山頂へ向かう。

また、この巻き道は通行止めになることもある。その場合は大ダワから鋸尾根を利用しよう。鋸尾根はその名の通り凸凹の道だが、岩場経験者なら苦労なくクリアできるはず。

⑩広く明るい川苔山の山頂。時間の許す限りランチと展望を楽しみたい。⑪山頂から眺める富士山。湿度の低い晴天日ならその美しい立ち姿が見えるはず。⑫山頂手前の広い登山道。⑬大ダワ、大根ノ山ノ神への分岐。⑭山頂までは残り200m

川苔山山頂でゆっくり
展望を楽しむ

　細長く展望に優れた**川苔山頂❻**。上空が開け奥多摩の山並みが一望できる。また、その後方には大きな富士山を確認することができる。苦労した分、そのロケーションに感動する。また、川苔山への登山コースは複数あるため、登山道で人と会わなくても、山頂では平日でも多くの登山者と出会うことができる。ベンチの数は少ないが、レジャーシートを持

参すれば、どこでも最高のランチポイントになる。また、出会った人たちとは積極的に会話してみよう。一期一会の出会いだが、その思い出はしっかり心に刻まれるはず。

　下山は大ダワ方面に下り、鳩ノ巣駅方面の道標に従う。登ってきた道とは異なり、整備されていてのんびりした気持ちのまま下ることができる。休憩ポイントはどこにでもあるので、疲れる前に休憩するようにしよう。**大根ノ山ノ神❷**まで下ったら、山頂方面を眺めながら最後の休憩。熊野神社で登山無事の報告をしたら、駐車場に戻る。

　帰路につく前に靴に付いた土を落とすことを忘れないように。

川苔山への別ルート

本来マイカー向きの山ではないが、紹介ルートのほかに奥多摩駅周辺の駐車場を利用して、バスで川乗橋まで行けば川苔林道→細倉橋→百尋ノ滝→川苔山→本仁田山→奥多摩駅という充実したコースが楽しめる。細倉橋→百尋ノ滝の沢沿いのコースが気持ちいいはず。筆者が奥多摩エリアで最も好きなコースの一つだ。

> 💧 **水場**　舟井戸で沢水を給水することができるが、濁っていたら煮沸すること。できれば必要量を持参したい。
> 🚻 **トイレ**　鳩ノ巣駅と町営鳩ノ巣駐車場にあるが、ルート上にはない。

●問合せ先
奥多摩町役場観光産業課 ☎0428-83-2295

15 奥多摩の手付かずの自然が残る名山

初・中級

三頭山
<small>みとうさん</small>

標高	1531m(三頭山中央峰)
歩行時間	3時間25分
最大標高差	540m
体力度	★☆☆
技術度	★☆☆

1/2.5万地形図	猪丸

登山適期とコースの魅力

1月	2月	3月	4月	5月	6月	7月	8月	9月	10月	11月	12月
積雪期			新緑		梅雨		夏山			紅葉	晩秋
		カタクリ				ハシリドコロ				リンドウ	
		エイザンスミレ						レンゲショウマ			

展望　山頂は東峰、中央峰、西峰の三つに分かれている。御前山、大岳山方面が眺められる。
花　タチツボスミレやシロバナエイザンスミレなど、数十種類の花が観察できる。
紅葉　紅葉は10月中旬～11月上旬。三頭山山頂は10月中旬頃がピーク。

🌸 他のエリアよりも春の訪れは遅い。3月下旬頃からが登山シーズンになる。
☀ ブナの樹林帯は意外に涼しい。三頭ノ大滝が最もにぎやかになる季節。
🍁 紅葉を愛でながらの散策をしよう。
❄ 12月～3月までは積雪情報を必ず入手する。

檜原都民の森駐車場。休日は早朝から混雑

アクセス

中央自動車道路 上野原IC → 甲州街道（国道20号）・県道33号線・檜原街道 40km → 檜原都民の森 → 3時間25分 → 檜原都民の森 → 檜原街道・県道33号線・甲州街道（国道20号）40km → 上野原IC 中央自動車道路

中央自動車道上野原ICから甲州街道（国道20号）を大月方面に進む。すぐに本町の信号があるので、ここで県道

33号線（上野原あきる野線）に入る。道なりに走ると甲武トンネルに入る。ここを抜ければ檜原街道に出るので、そ

こで左へ。奥多摩湖方面に走行する。数馬の湯、九頭竜の滝を過ぎれば檜原都民の森。ここに無料の駐車場がある。

コースガイド　新緑から晩秋　それぞれに魅力的

　出発地点の檜原都民の森❶には、大型の駐車場のほか、茶店や土産物店、トイレなどがあり、とくに春秋の週末には訪れる行楽客でにぎわう。ドリンクの自動販売機もあり、気温や空気の乾燥具合によっては不安になる水分補給の面でも、条件よくスタートできる。

　水分補給の態勢を万全にし、トイレを済ませてから森林館に向けて歩き始める。その建物下のトンネルを抜けていくのが鞘口峠へ通じる道で、ここを歩く。とくに森林館までは舗装されていて、これから山歩きが始まるとは信じられないほどの歩きやすさだ。

　森林館❷から先も鞘口峠までは整備された

①駐車場からトンネルを抜けて進む。トンネルの上に建つのが森林館。②ウッドチップが敷き詰められた森林館付近の道。③三頭山山頂までの道も歩きやすい。④緑に囲まれた登山道が続く

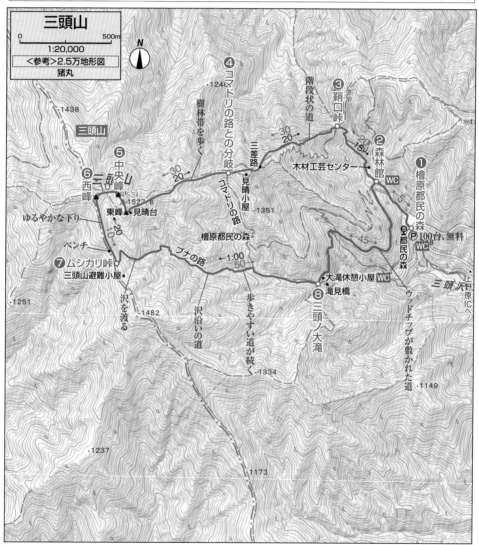

⑤滝見橋の先から眺める奥多摩東部の山並み。市道山や生藤山、1055峰などが見える。⑥山頂の見晴台。ウッドデッキでランチを楽しむのもいい。⑦三頭山山頂のひとつ中央峰。⑧三頭山山頂の西峰。広く開放的な山頂だ。⑨わかりにくいが、山頂縦走路の北側に奥多摩湖が見える

山道が続くので、心配はない。階段を登りきると**鞘口峠❸**に着く。ウッドデッキが印象的なところで、最初の休憩をしよう。

何本かのルートが交差し、山中の要衝でもある峠から、道標に従って階段状の道を登っていく。ややきつい勾配だから、自分のペースを守って登ることを心がけよう。この登りをクリアした後は、細い尾根道を歩くようになる。

周囲の木々には、その名前や種類、特徴などが書かれたプレートが付けられている。ひとつひとつ読み、メモをとりながら歩くと、知識が豊かになって楽しい。

必ず道標に従って
歩くように

この山は檜原都民の森にある。山中には何本もの散策路が通っているが、そこに迷い込むと思わぬ時間がかかってしまう。それはそれで楽しい散策だが、別の機会に譲るとして、

今日は効率よく道標に従って歩くことを心がけよう。

尾根道の各所に分岐がある。T字路やY字路も多いので、道標を確認しながら歩く。標高が上がってくると、木の根が露出した箇所を登るようになる。この先、山名の由来となった、三つに分かれた山頂を越えていくのだが、その最初にあたる東峰まで400mのあたりだ。ここは粘土質で滑りやすいので慎重に歩く。標高1500mの標識を右に入れば見晴台のある三頭山東峰に着く。御前山などの展望に優れたテラスで、眺めを存分に楽しむといい。尾根道を少し進むと中央峰。さらに30mほど歩くと休憩に適したベンチがある。

西峰でのランチは
コースのハイライト

三つのピークのうち、最後に登場するのが最も広々とした山頂の**西峰❻**。中央峰西側にあるベンチからいったん下って登り返したと

⑩落差35mの三頭ノ大滝。滝見橋から眺めると飛沫がかかりそうなほど迫力がある。⑪西峰から下った地点のムシカリ峠。⑫登山道脇にある休憩用ウッドデッキ。⑬三頭ノ大滝を眺めるには最適な滝見橋。⑭ウッドチップが敷かれた下山路

その先は、ウッドチップが敷き詰められた遊歩道が続いている。その感触が、どこか空中を漂っているかのような心地よさだ。まだ歩き足りないような気持ちのままに、いつの間にか**森林館❷**の前に出る。

森林館に入り、その展示で、歩いてきた森のなかで得た知識を整理するといい。ここで休憩や食事もできる。その後、今朝歩いた道を駐車場に戻る。

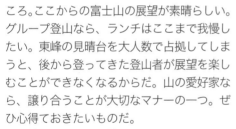

ころ。ここからの富士山の展望が素晴らしい。グループ登山なら、ランチはここまで我慢したい。東峰の見晴台を大人数で占拠してしまうと、後から登ってきた登山者が展望を楽しむことができなくなるからだ。山の愛好家なら、譲り合うことが大切なマナーの一つ。ぜひ心得ておきたいものだ。

西峰からムシカリ峠に下る。さらに三頭ノ大滝を目指す。小さな沢を渡り返しながら進む。ブナの路と名付けられた小道だ。その名のとおり、ブナが見られ、大木の下ではそれに守られるようにして命を紡ぐ多彩な植物も観察できる。子どものころの自然学習を思い出して、説明看板の前で足を止める回数が増える。

三頭ノ大滝❽は落差35mの滝。滝見橋から豪快に落ちる大滝を観賞しよう。静かな山中に滝の轟音がこだまし、圧倒的な存在感を見せてくれる。橋のたもとには休憩小屋もあり、最後のひと休みをするといい。

檜原都民の森森林館

丸太切り体験や森の仕組みなどを紹介する映像観察、炭焼き記録映像観察コーナー、都民の森に生息する動物などの写真が一般公開されている。館内には休憩室やレストランもあるので、下山したらぜひ立ち寄ってみよう。

💧 **水場** 檜原都民の森駐車場、森林館先、ブナの道（涸れることがある）にある。

🚻 **トイレ** 都民の森駐車場、三頭山避難小屋、大滝休憩小屋にあるが山頂付近にはない。

●**問合せ先**
檜原都民の森 ☎042-598-6006
檜原村観光協会 ☎042-598-0069

16 戦国時代の山城跡を訪ねる

初級

標高	634m
歩行時間	3時間55分
最大標高差	276m
体力度	★☆☆
技術度	★☆☆

1/2.5万地形図	大月

いわどのさん
岩殿山

登山適期とコースの魅力

	1月	2月	3月	4月	5月	6月	7月	8月	9月	10月	11月	12月
	積雪期		残雪		新緑	梅雨		夏山		秋山	紅葉	晩秋
				リンドウ		ヒトリシズカ					ツメレンゲ	
				カタクリ	ミツバツツジ		サツキ					ザゼンソウ

展望　山頂からは富士山や高川山、杓子岳などが展望できる。大月市街地は眼下に広がる。
花　岩殿山は岩山だが、カタクリやリンドウなどの花を登山道で目にすることができる。
紅葉　11月上旬〜下旬が紅葉期。山頂から始まり徐々に麓まで下る。11月20日頃がベスト。

春 新緑やサクラの季節にぜひ登ってもらいたい山の一つ。
夏 岩場の登りがあるので、汗をかいた手はよく拭いてからクサリや鉄杭を持つこと。
秋 山頂から眺める紅葉風景がいい。
冬 12月下旬〜2月は積雪期になるので要注意。

稚児落し。なんとも恐ろしい地名だ

アクセス

大月IC 中央自動車道	国道20・139号 3km	登山者用無料駐車場	3時間55分	登山者用無料駐車場	国道139・20号 3km	大月IC 中央自動車道

中央自動車道の大月ICを利用。ICをでたら国道20号を東へ向かう。その後、国道139号に入り、高月橋を渡る

と登山者用の無料駐車場がある。駐車台数は10台ほど。また、大月駅近辺にタイムスなどのコインパーキングがあ

る。帰路に食事をするなら大月駅前が便利。※2024年3月現在、登山道の一部が崩落。畑倉登山口から入山。

コースガイド
スニーカーではなく登山靴を用意しよう

　山梨県東部の拠点で、富士山観光の起点ともいうべき大月市。その市街地の北側に小高く聳えているのが、この岩殿山だ。古くから甲斐国の東側の出入口として重要視され、城が築かれて岩殿城を名乗っていた。

　桂川を高月橋で渡った先、左側にある市営駐車場を利用しよう。本来なら、ここから岩殿山ふれあいの館まで行き、岩殿山の登山道に入るのだが、2024年6月現在、一部登山道が崩落しているためここから入山することができない。そのため畑倉登山口から入山する。登山口の畑倉にも駐車場があるが、下山後に畑倉の駐車場まで戻らなければならないので、

高月橋の袂から眺める岩殿山

左：岩殿城跡入口。2024年6月現在、ここから入山することはできない。右：岩殿山ふれあいの館は入館することができる

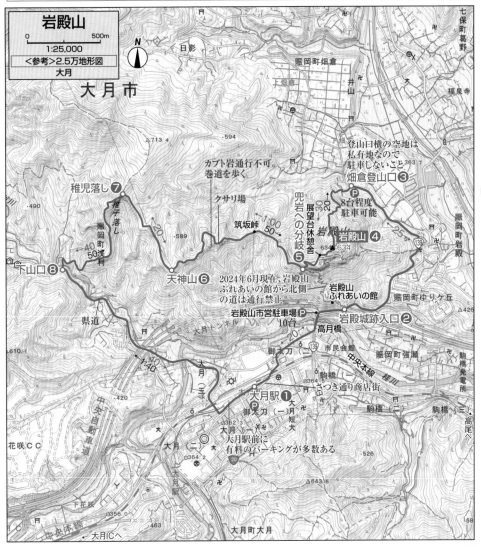

①岩殿山山頂の正面に富士山が現れる。雪を冠った姿が人気で、このシーズンだと多くのカメラマンも訪れる。②山頂から眺める山並み。山座同定で山名を確かめてみるのも楽しい。③岩殿山の山頂。意外に広いので、ゆっくり休憩しよう。展望も申し分ない。④山頂から見下ろす大月市街地

市営駐車場を利用する設定をしたが、下山後に食事をしたり土産物などを購入するなら大月駅周辺のコインパーキング等を利用したほうが便利。

従って本書は**大月駅❶**からガイドする。駅を出たら左へ。線路を越えて高月橋を渡る。すぐに**岩殿城跡入口❷**に着く。この先に建つ岩殿山ふれあいの館は地元出身の山岳写真家、白籏史郎氏の作品が展示されている。その迫力に圧倒されるはずだ。入館は無料。往路ないし下山時に立ち寄ってみるのもいい。

畑倉登山口から
岩殿山に登る

岩殿城跡入口からさらに国道139号を進む。基本的にゆるい登り道だが、ゆっくり歩けば苦にはならない。道なりに進んで行き、左側に自動車教習所の看板が現れる。その先が**畑倉登山口❸**になる。岩殿山の道標があるので迷うことはない。石塔の脇を抜けてしばらく登ると鬼の岩屋と山頂への分岐に着く。ここは右へ。そのまま道なりに登れば**岩殿山山頂❹**に到着する。

岩殿山山頂は本丸跡とされている。展望台からは桂川の谷を隔てて富士山や杓子山や鹿留山など道志方面の山が展望できる。もちろん正面には富士山の大きな姿がある。

哀話に落城の苦難を
しのぶ

山頂から一段下り道標に従って稚児落しへの縦走に入る。雑木林を抜け、山腹をトラバース。尾根に出て下りきれば筑坂峠。さらに進んで第1カブト岩と第2カブト岩を巻き道でクリアして**天神山❻**へ。少し下った地点で登山道に合流。10分ほどで小ピークの天神山に着く。少し下ると浅利天神の石祠がある。登山道は大きく北西に向きを変えて、小刻みにアップダウンを繰り返していく。

雑木林にアカマツが目立つようになると、

5 6

7 8

9

10 11

⑤ふれあいの館越しに見る春の山頂。サクラに覆われ美しい。この時期は花見客で混雑する。⑥全山が春の花に覆われ、訪れる人たちを飽きさせることがない。ここに咲くサクラはソメイヨシノで約200本が3月下旬から4月上旬に咲く。⑦第1カブト岩から第2カブト岩に向かう岩壁に造られた道。手摺り代わりのワイヤーが張られている。⑧天神山の先から見る稚児落し。⑨稚児落しから天神山方面を眺める。⑩整備された登山道が続く。ゆっくりと歩けば誰でも登ることのできる山。⑪この小さな吊り橋が登山道の終点

前方が開け**稚児落し⑦**に到着する。高さ100mを越えるといわれる大岩壁の天辺なので、ヘリには絶対に近寄らないこと。

　稚児落しは昔、北条氏の攻撃を受けた城主の小山田氏の婦女子が逃げる際に泣き出した子どもをここから落したという悲話がある。

　稚児落しのヘリに沿って進むと尾根道を下るようになる。40分ほど下ると民家の脇から県道に出る。あとはこの県道をゆっくり歩いて大月駅へ。ここでスタート時に停めた駐車場に戻る。

岩場を登る

岩殿山は初級向きだが、途中の岩場は注意が必要。クサリやハシゴなどはしっかり付けられているので落ち着いてクリアすることを考えよう。例え自分が原因でクサリ場やハシゴで渋滞しても気にせず自分のペースを守ること。

水場　登山口や山中に水場はない。水だけなら駐車場に向かう道筋の自販機が使えるが、他に必要な物があれば往路途中で購入しておこう。

トイレ　山中にトイレはないので、大月ICで下りる前のパーキングを利用しよう。

●問合せ先
大月市観光協会　☎0554-22-2942

75

17 | 大菩薩嶺

だいぼさつれい

ダイナミックな景色を堪能

初・中級

標高	2057m
歩行時間	3時間30分
最大標高差	471m
体力度	★☆☆
技術度	★☆☆

1/2.5万 地形図	大菩薩峠・柳沢峠

登山適期とコースの魅力

1月	2月	3月	4月	5月	6月	7月	8月	9月	10月	11月	12月
積雪期			新緑		梅雨		夏山		紅葉	晩秋	

サラサドウダン
バイカオウレン
クリンソウ
ハナイカリ
ヤマオダマキ

展望 富士山や南アルプスなどが眺められる。とくに雷岩周辺からがおすすめ。

花 百名山の一つに挙げられる大菩薩嶺は山野草や紅葉の人気スポットとして知られる。

紅葉 紅葉は10月中旬～11月初旬。最もきれいな時期は10月下旬。

春 春の訪れとともに多くの登山客が訪れる。ゴールデンウイークは多くの登山客で混む。

夏 標高が高いので、1800mを超えると盛夏でも涼しい。一枚羽織り物を携帯しよう。

秋 10月中旬からは紅葉目的の登山でにぎわう。

冬 道路規制がある。事前に確認を。

上日川峠の無料駐車場。400台駐車可能

アクセス

勝沼IC 中央自動車道 — 国道20号・県道38号・国道411号・県道201号 20km — 駐車場 上日川第1～3 — 3時間30分 — 駐車場 上日川第1～3 — 県道201号・国道411号・県道38号・国道20号 20km — 勝沼IC 中央自動車道

中央自動車道勝沼ICで勝沼出口・山梨市・塩山方面に進み、大月・大和の看板に従う。斜め左に曲がって勝沼バイパ ス、国道20号に入る。柏尾の信号で左折して、県道38号線へ。等々力の信号を右折して国道411号に入る。その まま道なりに走行して大菩薩ラインに入り、ロッヂ長兵衛まで行く。ここに市営駐車場。無料、400台駐車可。

小説の舞台になって人気を博した

かつては明治から昭和にかけて活躍した小説家である中里介山の『大菩薩峠』の舞台に登場したことで知られ、標高2000mをわずかに超えた程度の山には似つかわしくない知名度を誇っていた。現在では一時の名声は鎮まったものの、首都圏からのアクセスも展望もよく、登山できる期間も長いとあって、根強い人気を保っている。

標高約1600mの**上日川峠❶**までの道は、バスも走るが、カーブを繰り返す運転には気を抜けない。周辺にはトイレや駐車場のほか、ロッヂ長兵衛やテントサイトなどもあり、登山者でにぎやかなところ。駐車場にクルマを

①日本百名山、山梨百名山に選定されている大菩薩嶺山頂。②賽の河原に建つ避難小屋。③美しい樹林帯が広がる山。④多くの登山者が訪れる福ちゃん荘。連日大にぎわい

停めて、ひと息入れたら出発しよう。

ロッヂ長兵衛手前で分かれる林道に入る。すぐ左手に山道が分かれるが、この道は林道に並行していて福ちゃん荘で合流するので、

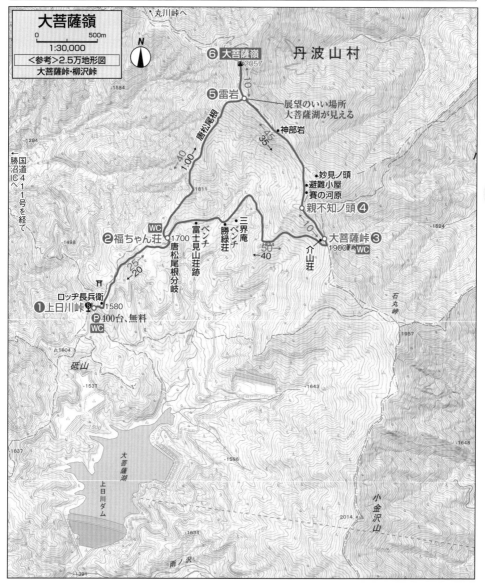

大菩薩嶺

0 ——— 500m
1:30,000
＜参考＞2.5万地形図
大菩薩峠・柳沢峠

丹波山村

❻ 大菩薩嶺 ▲2057

❺ 雷岩

展望のいい場所
大菩薩湖が見える

神部岩

妙見ノ頭

避難小屋

賽の河原

親不知ノ頭 ❹

❷ 福ちゃん荘

1700
唐松尾根分岐

ベンチ

富士見山荘跡

勝縁荘

ベンチ

三界庵
ベンチ

大菩薩峠 ❸
1900
介山荘
WC

ロッヂ長兵衛

❶ 上日川峠
1580

P 400台、無料
WC

砥山

丸川峠へ

↑勝沼IC 国道411号を経て

唐松尾根

石丸峠

大菩薩湖

上日川ダム

雨ノ沢

小金沢山

⑤広がりのある展望が自慢の山。景色を堪能しながら楽しもう。⑥大菩薩の森は水源かん養保安林に指定されている。登山道にゴミなどを捨てないように。⑦登山道脇に朽ちた倒木があることも。休憩ポイントになっている。⑧介山荘。人気のある山小屋だ。⑨介山荘には土産物店が併設され、多くの登山者に利用されている

どちらを歩いてもいい。より山らしい雰囲気を味わえる山道を歩くことにしよう。

山道に入ると、右下にトイレ、駐車場を見下ろし、ミズナラなどの落葉広葉樹林をゆるやかに登っていく。林床にササが広がって、雰囲気のいいところだ。やがて周囲はカラマツ林になり、**福ちゃん荘❷**の建物の間を抜けると、ロータリー状の広場に出て、林道と合流する。

広場の北側にある大きな地図や道標に向かって、右に林道を進むのが大菩薩峠へのコース。左は帰りに下ってくる唐松尾根のコースだ。林道を道なりに進む。勾配はなだらかで歩きやすい。富士見山荘跡のかたわらを過ぎ、姫ノ湯沢を渡ると、対岸に勝縁荘、その裏側に三界庵が建つ。

この大菩薩峠は、中里介山が1913〜1941年に執筆し、ついには未完のままに終わった長編時代小説『大菩薩峠』の舞台で、たびたび映画化もされたことが、人気に拍車をかけたという。三界庵は介山がここで執筆した建物。

勝縁荘から大菩薩峠までは、やや急勾配の林道を登る。落葉樹林にシラビソなどの針葉樹が混じる林間の道を進み、樹林が途切れて斜面にササが広がると、介山荘が見えてくる。

ひと登りで尾根道に出る。かたわらにはトイレ、その北側に介山荘が建つ。介山荘の名も中里介山に由来し、彼が滞在したこともあるという。介山荘の登山道に面した側は、山バッジなどグッズの売店になっていて、軽食や飲み物もある。建物の北側では展望が開け、**大菩薩峠❸**の標識やケルン、石仏が並んでいて、記念写真の人気スポットになっている。富士山のほか、東側には鷹ノ巣山、川苔山など奥多摩の山々も望める。

福ちゃん荘、唐松尾根分岐先にある公衆トイレ

78

⑩大菩薩峠。稜線上にあるため開放的で風がない日は心地いい。
⑪雷岩周辺から眺める大菩薩湖。⑫上日川峠から見晴らす大菩薩嶺の紅葉

峠から
大菩薩嶺を目指す

　大菩薩峠から大菩薩嶺へはササ原や草原が開けた尾根を登る。中里介山文学碑を右に見て、高度を稼ぐごとに富士山をはじめ、南アルプス、奥秩父、甲府盆地を囲む山々などのパノラマが開けてくる。親不知ノ頭❹を越え、賽の河原に下ったところには休憩小屋があり、荒天のときなどに避難できて心強い。

　尾根上にはあちこちに岩が出ている。その岩の上に立って、山並みをバックに写真を撮れば、いい記念になる。尾根を登りきったところにある、ひときわ目立つ岩が雷岩❺で、大菩薩最高所の展望を楽しめるポイントの一つ。西側が開けていて、ランチをとる登山者も多い。

　雷岩は大菩薩嶺・丸川峠方面と下山道になる唐松尾根コースとの分岐点でもある。まずは大菩薩嶺を往復してこよう。道標に従って北へ向かい、シラビソなどの針葉樹の木々を縫うように進む。なだらかな道を10分ほどで大菩薩嶺❻に到着する。樹林に囲まれて展望はないが、広場になっていて、木立が雨風を遮ってくれるので、荒天時の休憩にも向く。

　下山は雷岩❺まで戻り、斜面を南西に下って唐松尾根コースに入る。はじめは開けた斜面の急下降で浮き石もあるが、10分ほど下れば傾斜がややゆるみ、樹林に入る。展望は得られないが、歩きやすいコースだ。

　道が南から南東に向きを変え、やや急な尾根をひと下りすると、なだらかになる。前方の樹間に福ちゃん荘が見え、往路で通った広場に着く。ここからは来た道を上日川峠へ。

大菩薩湖

大菩薩湖は上日川ダム建設時に造られた人造湖。大菩薩嶺にちなんで、その名が付いた。展望広場は上日川峠から20分ほどで歩くことができる。富士山と大菩薩嶺、広葉樹林の彩りが変わる季節ごとに訪れる人も少なくない。

💧 **水場**　わずかに水が得られる場所はあるが、事前に持って行くことを考えよう。各山小屋でも手に入るが、途中のコンビニなどで購入するほうが安い。

🚻 **トイレ**　上日川峠、福ちゃん荘、介山荘にある。

●問合せ先
甲州市観光協会 ☎0553-32-2111

18 | 2500mの稜線歩きが楽しめる

初・中級

こくしがたけ・きんぷさん

国師ヶ岳・金峰山

標高	2599m(金峰山)
歩行時間	7時間50分
最大標高差	239m
体力度	★★☆
技術度	★☆☆

1/2.5万地形図 | 金峰山・瑞牆山

登山適期とコースの魅力

1月	2月	3月	4月	5月	6月	7月	8月	9月	10月	11月	12月
積雪期				新緑	梅雨	夏山		秋山	紅葉	晩秋	

シャクナゲ　　　　　　　　　　　ゴゼンタチバナ
ミツバオウレン　　　　　　バイケイソウ

展望　富士山や八ヶ岳、南アルプスなどの名だたる名峰が眼前に広がる。
花　シャクナゲやバイケイソウ、コイワカガミ、ミネズオウなどの高山植物が観察できる。
紅葉　森林限界点に近い標高のため、さほど期待できない。

春　3月〜5月が春ということになるが、この時期は一般登山者向きではない。
夏　このエリアに最も登山者が集中する季節。
秋　10月初旬〜中旬が紅葉期。
冬　一般登山者は危険。厳冬期の登山に慣れたベテランと登ること。

大弛峠の駐車場。無料。50台駐車可能

アクセス

| 勝沼IC 中央自動車道 | → 🚗 国道20号・140号・県道・林道 40km | 大弛峠 | ···👟 7時間50分 | 大弛峠 | 🚗 林道・県道・国道140号・20号 40km | → 勝沼IC 中央自動車道 |

中央自動車道勝沼ICから国道20号を大月方面へ。柏尾交差点で左折して道なりに走行。中央線のガード下の赤尾の信号で左折して塩山駅先の青橋の信号を右折。武田信玄ゆかりの恵林寺を通過すると新隼橋北の交差点に出る。ここで国道140号に入り直進。牧丘トンネルを抜け左折。突き当りを右折し大弛峠の駐車場へ。50台、無料。

コースガイド

体が元気なうちに長時間歩行を

　出発点の**大弛峠❶**には、駐車場のほか、大弛小屋があり、ここで一夜を過ごし、宿泊日と翌日に二つの山のそれぞれに登ることにすれば、気分的にも余裕をもてる。出発時間や天候などの条件次第で、どちらに先に登るかを臨機応変に決めたい。

　今回は元気のあるうちに、行程の長い金峰山に登ることにする。

　大弛峠から、朝日岳・金峰山の道標に従って広い森のなかを歩く。丸太の階段登りから小尾根の道に入り、小さくアップダウンする。

　左の立ち枯れした木々の間に富士山が顔を出す。道幅が広くなると朝日峠に到着する。

左：木道が敷かれた箇所では、絶対にそこから外れないように注意しよう。さらに大小の岩がルート上にあるので、転倒などしないように気を付ける必要がある。　右：国師ヶ岳に向かう登山道から眺める金峰山。特徴的な五丈岩も見えている

水場　大弛小屋にあるが、マイカー登山なので途中のコンビニなどで購入しておくこと。

トイレ　大弛峠の駐車場にある。山中にはないので要注意。

●問合せ先
山梨市観光協会 ☎0553-22-1111
大弛小屋 ☎090-7605-8549
金峰山小屋 ☎070-3962-0448

①サイの河原から展望する八ヶ岳連峰。手前に見えているのがゴツゴツとした岩山の瑞牆山。②サイの河原から金峰山山頂に向かう。前方に見える岩の部分ではなく、そこから少し下ったところに山頂標識がある。③金峰山山頂から富士山を眺める。④金峰山の鳥居付近が絶好の休憩スペース。⑤金峰山に向かう途中のベンチ。風の強い日などは少し木々に囲まれた場所で休憩しよう

登山道の中央にケルンが組まれている。この辺りは平坦で、休憩にちょうどいい。さらに深い樹林帯を進む。登り勾配が少しきつくなる。コメツガの原生林が広がる日当たりの悪いエリアはそう長くは続かない。樹林帯を抜けると、富士山や国師ヶ岳の眺めのいい岩場に出る。登山道の30mほどが大小の岩に覆われている。展望を楽しむときは、立ち止まること。また、エネルギー補給するのもいい。

この岩場を抜けると、日当たりのいい尾根道を歩くようになる。朝日峠から40分ほどで**朝日岳❷**に到着する。山頂標識の先にベンチが設置され、昼時はランチを楽しむ人でにぎわう。金峰山のシンボル五丈岩や南アルプスの眺めにも優れている。

朝日岳から急斜面を下る。およそ40mの下降だが、歩幅を狭くして、滑らないように注意しよう。ジグザグに道が付けられているが、雨上がりや残雪期にはとくに慎重に行動したい。下りきると鞍部で、ここから登り返すことになる。少しだけ休憩して、樹林帯を登る。

ハイマツ帯に入って進むと、すぐに前方が開けてくる。ここがサイの河原だ。荒涼とした雰囲気が漂うが、展望には恵まれ、瑞牆山や小川山、八ヶ岳も見える。

サイの河原から岩に覆われた道を進む。大きな岩が折り重なるエリアに入って、軽く登ると**金峰山❸**の山頂だ。

正面には有名な五丈岩、その後ろには南アルプスが見え、ぐるりと見回すと中央アルプスや八ヶ岳、北アルプスの山々も望める。ピークに立てるのは数人なので後続の人たちに

81

譲ろう。山頂標識はピークの一段下にある。

五丈岩方面へ岩が重なる斜面を下り、ランチを広げる場所を探す。気に入った展望が広がる場所でゆっくり休憩をとろう。

五丈岩に登る人も時々見かけるが、天辺まで行くのは岩登りの経験者でなければ無理。ここには登らないこと。展望とランチを楽しんだら、往路を大弛峠に戻る。体調と時間に余裕があれば、そのまま国師ヶ岳へ向かう。

次の目標
国師ヶ岳へ向かう

大弛小屋の脇から道標に従って、国師ヶ岳に通じる、丸太で組まれた階段から樹林帯に延びる道を進む。随所で大きな岩に行く手を遮られるが、足元は安定していて苦にはならない。

10分ほどで夢の庭園への分岐に出る。ここは左へ。30分ほど木道や登山道を登っていくと、樹林は薄くなり、右奥に北奥千丈岳が見えてくる。稜線をたどると、すぐに前国師ヶ岳だ。富士山が見える。

前国師ヶ岳から下りが続く。岩に足をぶつけないようにして下り、鞍部で北奥千丈岳に向かう登山道に入る。鞍部から25分ほどで**北奥千丈岳❹**の山頂に着く。ここは奥秩父の最高峰で、南・北アルプスの展望に優れている。

北奥千丈岳から鞍部に戻り、国師ヶ岳に登る。立ち枯れた木々が目立つ道を進むと、その終点が**国師ヶ岳❺**の山頂だ。富士山や南アルプスの素晴らしい展望を満喫しよう。

下山は往路を忠実に戻る。

⑥北奥千丈岳からの展望。広がりのあるロケーションにしばし足を停める。⑦北奥千丈岳から富士山を眺める。⑧国師ヶ岳山頂。富士山の展望がいい。⑨国師ヶ岳の夢の庭園から金峰山を眺める

国師ヶ岳・金峰山

0　　　500m
1:35,000
<参考>2.5万地形図
金峰山・瑞牆山

N

金峰山小屋

❸金峰山
2599m

サイの河原

八ヶ岳が見える

岩の上を歩く

五丈岩

五丈岩の前が広場になっている

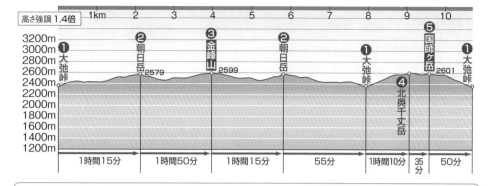

| 高さ強調1.4倍 | 1km | 2 | 3 | 4 | 5 | 6 | 7 | 8 | 9 | 10 |

① 大弛峠 — ② 朝日岳 2579 — ③ 金峰山 2599 — ② 朝日岳 — ① 大弛峠 — ⑤ 国師ヶ岳 2601 — ① 大弛峠
④ 北奥千丈岳

1時間15分　1時間50分　1時間15分　55分　1時間10分　35分　50分

金峰山五丈岩

金峰山山頂に五丈岩という大きな岩がある。シンボルにもなっている存在なのだが、この岩の前には鳥居が立っている。つまり、鳥居から先にある五丈岩は神域ということになる。この五丈岩に登る人を時々見かけるが、とても危険な

ことだ。何故なら、人が登れるようにはできていないから。ここに挑戦して滑落し、大怪我した人もいるので、絶対に登らないこと。

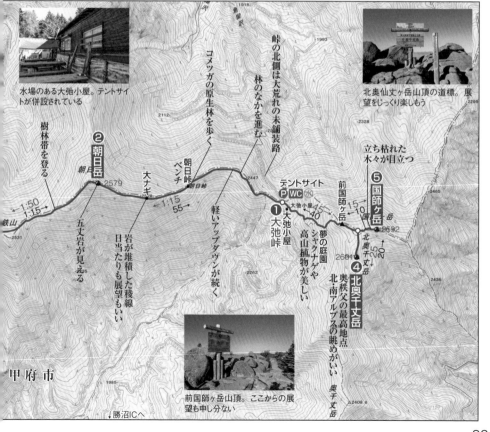

水場のある大弛小屋。テントサイトが併設されている

北奥仙丈ヶ岳山頂の道標。展望をじっくり楽しもう

立ち枯れた木々が目立つ

樹林帯を登る

② 朝日岳

峠の北側は大荒れの未舗装路

林のなかを進む

コメツガの原生林を歩く

五丈岩が見える

岩が堆積した稜線日当たりも展望もいい

大ナギ

軽いアップダウンが続く

① 大弛峠
大弛小屋
テントサイト
P WC

前国師ヶ岳

⑤ 国師ヶ岳 2592

北奥千丈岳

④ 北奥千丈岳
奥秩父の最高地点北・南アルプスの眺めがいい

夢の庭園シャクナゲや高山植物が美しい

前国師ヶ岳山頂。ここからの展望も申し分ない

甲府市

↓勝沼ICへ

83

19 ゴツゴツとした岩が折り重なる景観が魅力

中級

標高	2031m
歩行時間	6時間25分
最大標高差	1043m
体力度	★★☆
技術度	★★☆

1/2.5万地形図	川浦

けんとくさん
乾徳山

登山適期とコースの魅力

	1月	2月	3月	4月	5月	6月	7月	8月	9月	10月	11月	12月
	積雪期	残雪			新緑	梅雨		夏山		秋山	紅葉	晩秋 積雪期

アヤメ／アオスズラン／キンレイカ
シモツケソウ／マツムシソウ

展望 岩が折り重なる山頂からの展望は素晴らしいの一言。富士山や南アルプスが一望できる。
花 ミヤマキンバイ、ヤマホタルブクロ、キンポウゲなどの夏の花で知られている。
紅葉 10月中旬頃が見頃。紅葉と富士山の展望が絶妙なコントラストを演出してくれる。

春 春の陽光とさわやかな風が心地いい。下山時、国師ヶ原十字路でのんびりしよう。
夏 最も登山者の多い季節。山頂手前のクサリ場は渋滞することもあるので、焦らないこと。
秋 山頂から紅葉の景色を楽しもう。
冬 上級者同伴でない登山は無謀。

登山口バス停前にある登山者用駐車場

アクセス

中央自動車道 勝沼IC ─ 国道20号・県道38号線など 20km・40分 ─ 乾徳山登山口 駐車場 ─ 6時間25分 ─ 乾徳山登山口 駐車場 ─ 国道140号・県道213号線など 20km・40分 ─ 中央自動車道 勝沼IC

中央自動車道勝沼ICを出たら国道20号を大月方面へ。柏尾交差点で県道38号線に入り、塩山・山梨方面へ。フ

ルーツラインに入ったら道なりに行く。県道213号線に出たら、雁坂トンネル方面へ。国道140号で秩父方面に進み、

徳和入口交差点で県道に入って乾徳山登山口バス停へ。このバス停前に駐車場がある。30台程度駐車可能。無料。

コースガイド
地元の名山が一躍全国区に

　もともと地元では知られた山だった。それは甲斐の国を治めた武田信玄の墓所でもある恵林寺を開いた夢窓国師が修行した山だったからだ。確かに、厳しい岩場に差し掛かるとまるで修行のように思う。だが、国師が修行した時代とは違い、現在では登山道も整備され、クサリも取り付けられていて、安心して歩ける。そんな山が、日本二百名山に選定されて一気に全国的な知名度を高めた。

　駐車場の前には大きな登山マップが掲げられている。これでルートの確認をしてからスタートしよう。

　橋を渡って、徳和川に沿って歩く。民家が

①乾徳山前宮神社。登山の無事を祈願してから出発しよう。②ここで右へ。登山口に向かう。車道ではなく歩道。③実質的な登山口。ここから山道になる。④緑濃い林のなかを歩く

点在する道を、道標に従って進むと、乾徳山前宮神社に着く。構えは小さいが、立派な鳥居が立っている。ここまでは舗装道路だが、この先は林道になる。軽く立ち休みしよう。

高さ強調 0.9倍

高さ										
❶乾徳山登山口バス停	❷乾徳山登山口	❸銀晶水	❹国師ヶ原十字路	❺月見岩	❻扇平	❼乾徳山 2031	❻扇平	❺月見岩	❹国師ヶ原十字路	❸銀晶水	❷乾徳山登山口	❶乾徳山登山口バス停

20分	15分	1時間25分	35分	10分	1時間	40分	10分	20分	1時間	10分	20分

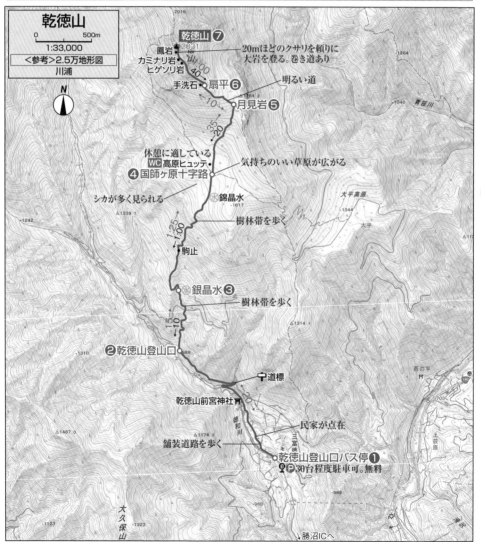

乾徳山

0 ——— 500m
1:33,000

<参考>2.5万地形図
川浦

乾徳山 ❼
2031
鳳岩 ——— 20mほどのクサリを頼りに大岩を登る。巻き道あり
カミナリ岩
ヒゲソリ岩
手洗石・扇平 ❻ ——— 明るい道
月見岩 ❺

休憩に適している
WC 高原ヒュッテ・ ——— 気持ちのいい草原が広がる
❹国師ヶ原十字路

シカが多く見られる

錦晶水 ——— 樹林帯を歩く

駒止

銀晶水 ❸ ——— 樹林帯を歩く

❷乾徳山登山口

道標

乾徳山前宮神社

——— 民家が点在

舗装道路を歩く ———

乾徳山登山口バス停 ❶
P 30台程度駐車可。無料

勝沼ICへ

⑤登山途中にある水場の錦晶水。手前には銀晶水もある。⑥国師ヶ原十字路までは明るい森のなかを歩く。⑦国師ヶ原に建つ避難小屋の高原ヒュッテ。トイレが併設されている。⑧乾徳山山頂に向かう岩場。⑨月見岩。昼は月よりも富士山の眺めがいい。⑩乾徳山山頂手前の岩場。クサリを頼りに登る。脇には山頂から下山する際に歩くための登山道があるので、怖いようなら、その登山道から山頂に向かおう

　一段登って左に鋭角に曲がるところに、乾徳山のイラストガイドマップの看板が立てられている。ここで左へ進む。道は完全に未舗装になるが、登山道ではない。送電線の電柱を過ぎると、右に斜面を登る階段が現れる。ここが**乾徳山登山口❷**だ。

　登山口から階段を登って樹林帯の道を進む。最初は歩きやすいが、すぐに小さな岩混じりのところを歩くようになる。周囲が明るくなると、鋭角に曲がり、勾配のある道を登る。ひと登りする**銀晶水❸**という水場に着くが、涸れていることが多い。

体の上下動を
できる限り抑えるのがコツ

　銀晶水を過ぎると、少し勾配が増す。疲れたら立ち休みを繰り返して歩くようにしよう。ルートを見失いそうになる地点には、必ずピンクテープがある。駒止を過ぎると、少し道が荒れてくる。岩場もあるので注意しながら登る。堆積した岩の上を歩くようになる。できるだけ体の上下動を少なくするように歩く。林が開けてくると錦晶水に着く。パイプで引水されている。喉を潤しながら少し休憩する。

　明るく広い林が続く。とても気持ちのいいところだ。上空が開けてくると正面に乾徳山が見えてくる。すぐに**国師ヶ原十字路❹**に着く。左に見える建物が高原ヒュッテ。避難小屋だが、林のなかの別荘のようだ。この前で休憩するのもいい。

　十字路まで戻って左へ。広い林のなかを歩く。左に先ほど休憩した高原ヒュッテが見える。林を抜けると上空が開ける。後方には富士山の姿が確認できる。

⑪乾徳山山頂。岩が折り重なる頂きだが展望に優れている。ゆっくり眺めを楽しもう。⑫富士山の展望にも優れた山頂だ。⑬山頂ではあまり歩き回らずにランチを広げよう

中央道

乾徳山

　前方が開けてくると大きな岩が見えてくる。**月見岩❺**と名付けられた岩だ。右から登ってくるのは大平高原からの道。この岩の辺りで再び休憩するといい。

　月見岩からは日差しが眩しいくらいの道を進む。草原のキャンパスに大小の岩が配されているというイメージの道。この辺りを**扇平❻**という。扇のように広がる草原から命名されたようだ。手洗石までくると、そこからは山頂に向けての登りになる。

　手洗石を過ぎると岩が足元を埋める疎林に入る。土の部分はなく、岩の上を歩かなければならなくなる。滑らないように注意すること。岩に矢印が描かれているのでそれに従う。大きな岩をクサリを頼りに登り、しばらく進むとヒゲソリ岩の前に到着する。

　ヒゲソリ岩から岩場登りが始まる。ここをマーキングに従って登ると、一気に視界が広がる。その後ハシゴを下り、カミナリ岩の登りにかかる。クサリが垂らされているが、軽く手に持つくらいにして三点支持の姿勢で登ることを心がけよう。

　この上が岩棚になっている。しばらく展望を楽しもう。岩の脇を進んで樹林帯に入る。道なりに進むと胎内という岩の下を通る。その先が鳳岩だ。

　この斜面を、クサリを頼りに20mほど登る。

この岩の上が**乾徳山❼**の山頂だ。クサリと岩の割れ目をガイドにしながら登ることになる。右にある巻き道をたどってもいい。下山時には、通常はこの巻き道を通ることになる。

　乾徳山の山頂は岩に覆いつくされている。山頂標識の近くで岩に腰掛けて休憩しよう。展望は360度。富士山や南アルプスを眺めながら極上のランチタイムを楽しもう。山頂標識の横には石造りの祠が祀られている。

　下山は山頂から鳳岩の巻き道を下り、その後は往路で歩いた道を忠実にたどろう。

高原ヒュッテ

気持ちのいい広い草原に広がる避難小屋。乾徳山登山の人気の一つがここ。ここで休憩していると目の前に鹿の群れが現れ、草を食む姿が頻繁に目撃できる。日常を忘れて心が穏やかになるひと時だ。トイレが完備されている

　水場　登山口と国師ヶ原十字路に銀晶水と錦晶水がある。必要量は持参するのが基本だが、ここの水は登山者に好評。

　トイレ　登山口と高原ヒュッテにある。

●**問合せ先**
山梨市観光協会　☎0553-22-1111

20 日本三大峠の一つに挑戦

中級

かりさかとうげ・かりさかれい
雁坂峠・雁坂嶺

標高	2289m
歩行時間	7時間5分
最大標高差	1060m
体力度	★★★
技術度	★★☆

1/2.5万地形図	雁坂峠

登山適期とコースの魅力

1月	2月	3月	4月	5月	6月	7月	8月	9月	10月	11月	12月
積雪期		残雪		新緑	梅雨		夏山		秋山	紅葉	積雪期
	シャクナゲ				ゴゼンタチバナ				ヤマオダマキ		
	バイカオウレン				カラマツソウ				トリカブト		

展望 雁坂峠からの展望は申し分なく、富士山や乾徳山、国師ヶ岳などが眺められる。
花 シャクナゲやズミの花が知られている。ハシリドコロ、バイカオウレンも観察できる。
紅葉 紅葉も見事だが、この季節はあまり登山者の姿は多くないコース。紅葉は10月中旬過ぎ。

🌸 暖かい新緑の頃は頂きから見事な新緑を見下ろすことができる。
☀ 盛夏は暑く登山向きではない。登山道近くに井戸ノ沢の水は飲用可とされている。
🍁 紅葉は10月中旬頃から。
❄ 冬季向きのコース設定ではない。

雁坂トンネル料金所の
無料駐車場

アクセス

勝沼IC 中央自動車道	国道20号・140号 34km	雁坂トンネル 駐車場	7時間5分	雁坂トンネル 駐車場	国道140号・20号 34km	勝沼IC 中央自動車道

中央自動車道勝沼ICを出たら雁坂・甲府方面の標識に従う。国道20号に合流したら、塩山の標識に従って右折。道なりに進み、塩山駅を過ぎたら号線へ。塩山高校の信号手前にコンビニがある。国道140号に合流。ここで右折して道なりで雁坂トンネルの料金所。料金所手前に無料の駐車場がある。70台駐車可。

コースガイド クルマならではの山歩きを楽しむ

公共交通機関ではアプローチが難しいため、マイカーならではの登山コースといえる。出発地点は国道140号の山梨県側の雁坂トンネル料金所手前にある駐車場。塩山方面から国道を走ると料金所のゲートの左右に駐車場がある。登山口は右側の駐車場の奥。秩父方面からトンネルを抜けてくるクルマに注意しながら、国道を横断して駐車場に入る。トイレは左側の駐車場にある。

駐車場❶ 奥のゲート脇を抜けて、簡易舗装された林道を登る。すぐに左下に雁坂トンネルが見えてくる。道なりに進むと、草原のようなところを通る。気持ちのいい場所だ。朝

左：登山口までの広い道。右：沓切沢橋を渡れば登山口

食がまだなら、ここで広げるのもいいだろう。雁坂峠方面の山並みが見えるようになり、橋を渡る。**沓切沢橋❷** だ。ここで林道歩きは終了となる。

靴紐やバックパックの確認をして、雁坂峠の道標に従って樹林帯に入る。昼でも薄暗い森だ。最初は斜面を急登するが、すぐに安定した道になり、斜面を巻くようにして進む。斜面を流れ落ちる小さな流れを越え、その後も斜面に沿うように歩く。

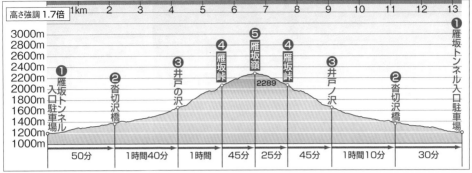

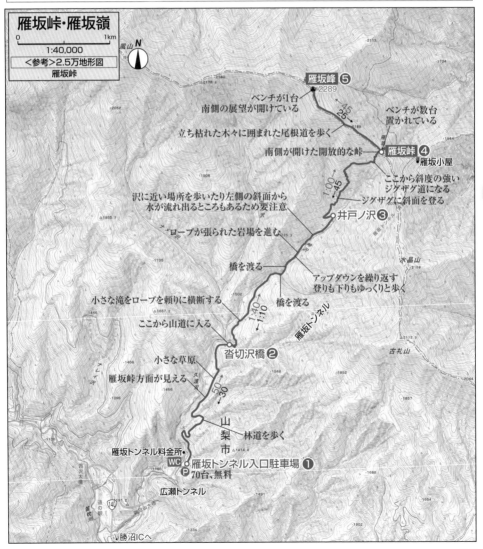

雁坂峠・雁坂嶺

0　　　　　　　1km
1:40,000
＜参考＞2.5万地形図
雁坂峠

❺ 雁坂峰 2289

ベンチが1台
南側の展望が開けている

ベンチが数台
置かれている

立ち枯れた木々に囲まれた尾根道を歩く

南側が開けた開放的な峠　　**❹ 雁坂峠**

雁坂小屋

ここから斜度の強い
ジグザグ道になる

ジグザグに斜面を登る

沢に近い場所を歩いたり左側の斜面から
水が流れ出るところもあるため要注意

❸ 井戸ノ沢

ロープが張られた岩場を進む

橋を渡る

アップダウンを繰り返す
登りも下りもゆっくりと歩く

橋を渡る

小さな滝をロープを頼りに横断する

ここから山道に入る

❷ 沓切沢橋

小さな草原

雁坂峠方面が見える

山梨市

林道を歩く

雁坂トンネル料金所

WC

❶ 雁坂トンネル入口駐車場

70台、無料

広瀬トンネル

↙勝沼ICへ

冰晶山

古礼山

①木漏れ日が心地いい樹林帯を登る。自分のペースを守って進もう。②倒木も目立つが注意しながら進む。③片手にワイヤーを軽く持ちクリアする。④小さな流れだが水流が速いので、必ず橋を利用する。⑤ピンクテープに従って行動。小さな木橋を渡る。⑥濡れた石の上に足を置かず、流れのなかに靴を入れたほうが安全に渡ることができる

左下の木々の間に勢いのいい流れが見えてくる。その流れの上流に向かい、さらに樹林帯を歩く。道なりでその沢を渡る小さな橋に出る。数歩で右岸に渡って沢沿いに、時には樹林帯を進んでいく。

目印になる道標は少なく、枝に付けられたピンクテープや踏み跡が頼りになる。迷うことはないだろうが、万一、人が歩いた形跡がなくなったらわかるところまで戻って、やり直すようにしよう。

河原を歩いていくと、二つ目の橋を渡り、岩に付けられた矢印に従って岩場を斜上する。右下に沢を眺めながら歩く。左斜面にロープが張られた箇所が連続して現れる。ときには岩場を流れ落ちる沢を、ロープを頼りに進まなければならない箇所もある。しかもそうしたところでは、横の移動だけではなく、縦方向への移動も強いられるから厄介だ。初級者だけのグループにはちょっと辛いかもしれない。必ず中・上級者とグループを組んで行動するようにしたい。沢から離れて林のなかを歩く。**井戸ノ沢❸**で沢の上流を渡る。

上手に休憩をとって
厳しい登りに対処する

井戸ノ沢を渡ると木漏れ日が心地いい林に入る。大きくジグザグに登っていくと、展望が開けてくる。足元にはササが茂り歩きやすいが、次第に登り勾配がきつくなってくる。後方に乾徳山方面の山並みが見える。立ち休みを繰り返して登っていこう。

斜面の上空を見ると稜線が見えるのだが、なかなか距離が縮まらない。東側にこんもりした水晶山の頂が見える。さらに勾配はきつくなり、息を整えて進む。細かいジグザグを繰り返すようになると、雁坂峠に近づいた証だが、なかなか次の一歩が出ない。何回も立ち休みを繰り返して、やっと**雁坂峠❹**に到着する。

峠の標高は2082m。日本三大峠の一つに数えられている。ベンチが数台置かれているので、少し休憩しよう。展望も抜群で、ランチを楽しむのもいい。静かで日当たりに恵まれていて、ずっとここにとどまっていたいと

⑦明るくのびやかな稜線。奥多摩方面の山並みが広がる。⑧高度が上がってくると頭上に青空が広がってくる。⑨日本三大峠の一つに数えられる標高2082mの雁坂峠。他の二つは針ノ木峠と三伏峠。⑩標高2289mの雁坂嶺。ここでランチにするのもいい。⑪山頂稜線付近の木々は立ち枯れしたものも多い

思う人も多いはずだ。

せっかく峠に立ったら
雁坂嶺へも往復しよう

ひと息入れたら、雁坂嶺をピストンしてこよう。雁坂小屋を利用するなら、峠の北側を10分ほど下る。

峠から北西に延びる稜線を登り始める。雁坂峠から雁坂嶺までは高低差200mほどを登ることになる。

立ち枯れした木が目立つ道で、自然環境が厳しいことが伺われる。岩と絡み合うように道が続く。小さな樹木の塊もある。上空が開けて太陽の恩恵はたっぷりだが、体力が消耗させられる道だ。

森林限界を超えていないので、足元にはササが目立つ。立ち枯れや倒木の多い道になると前方にベンチが見えてくる。そこが**雁坂嶺**。標高は2289mで、奥秩父の山々のなかでは決して高くはないが、南側の展望は開けているので、展望を楽しんでから峠へ戻る。

雁坂峠からの下りで注意したいのが、井戸ノ沢までのジグザグの急坂。危険な箇所はないが、スピードが出てしまうので、セーブすること。その先の下りは登りの経験が生かせるはずで、意外にすんなり下れる。

沢沿いの歩き方

紹介コースでは沢の流れのなかを歩く箇所がある。気を付けたいのが、雨が続いた直後の入山は慎むことだが、晴天が続いても流れのなかを歩いたり、横切ったりする箇所がある。そうした時は流れのなかに完全に靴を入れたほうが滑りにくい。

💧 **水場** 井戸ノ沢の水は飲用可だが、濁っている時は要注意。できるだけ水は事前に用意しよう。沢水は煮沸した方が無難だ。

🚻 **トイレ** 駐車場にあるが、山中では雁坂峠から10分ほど下った雁坂小屋（有料）にしかない。

●問合せ先
山梨市観光協会 ☎0553-22-1111
雁坂小屋 ☎0494-55-0456

21 | 山頂からの展望が自慢の山

初・中級

標高	2230m
歩行時間	6時間5分
最大標高差	710m
体力度	★☆☆
技術度	★★☆

1/2.5万 地形図	瑞牆山

瑞牆山
みずがきやま

登山適期と コースの魅力

1月	2月	3月	4月	5月	6月	7月	8月	9月	10月	11月	12月
積雪期		残雪	新緑	梅雨		夏山		秋山		紅葉	積雪期

アズマシャクナゲ / クリンソウ
イワカガミ / マルバダケブキ

展望　山頂からの展望は圧巻で、八ヶ岳や南アルプス、富士山を眺めることができる。
花　6月になるとピンク色のアズマシャクナゲが咲き始める。イワカガミも同じ頃だ。
紅葉　10月中旬～11月上旬になるとツガやミズナラ、シラカバなどが秋色に染まる。

春　春の訪れは4月中旬頃からだが、年によっては雪が残っていることがある。
夏　登山に最も適した季節。
秋　紅葉が楽しめるのは11月中旬まで。
冬　一般登山者は登山不可。冬山に慣れた登山者だけの世界になる。

登山者用駐車場。端から順番に駐車する

アクセス

中央自動車道 韮崎IC → 国道141号・県道 33km → 里宮平駐車場 → 6時間5分 → 里宮平駐車場 → 県道・国道141号 33km → 中央自動車道 韮崎IC

中央自動車道韮崎ICから県道を経由して、国道141号に合流。駒井の交差点で右折して県道に入り道なりに走る。

塩川ダムまで来たら、増富温泉の案内看板に従う。温泉街を抜けると瑞牆山荘に到着する。その前が里宮平で、登山

者用の無料駐車場が広がっている。100台程度駐車できるが、夏場は訪れる登山者が多いので、端から順番に駐車。

コースガイド

天鳥川までは ウォーミングアップ

　瑞牆山荘❶の前には、バス停も駐車場も、さらに瑞牆山の登山口もある。

　ストレッチとトイレを済ませて、登山道に分け入る。静かで広い林に延びる道だ。シラカバやブナが美しく、歩きやすい。少しずつ勾配がついてくる。不規則にジグザグに進むと道幅が狭くなり、車道に出る。

　正面に里宮神社の道標が立っている。これに従って階段状に整備された道を登る。ミズナラの木が目立つ。シラカバもきれいだ。左の林のなかに里宮が見える。小さな神社だが、歴史が感じられる風格がある。ここで登山の無事を祈願して登山道に戻ろう。

①明るい森のなかを歩いて富士見平小屋へ向かう。②天鳥川から先の大小の岩が転がる斜面には足場の悪い箇所に階段が設置されている。③ここを抜ければ富士見平小屋前の広場に出る。④明るく開けた広場のようなところに建つ富士見平小屋。トイレと水場、テントサイトが併設されている

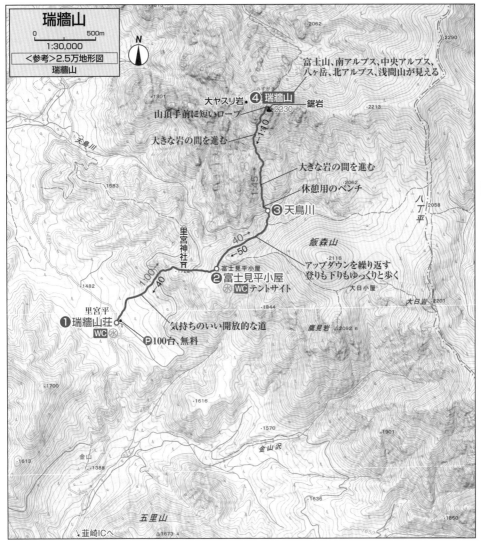

瑞牆山

0   500m
1:30,000
＜参考＞2.5万地形図
瑞牆山

N

富士山、南アルプス、中央アルプス、
八ヶ岳、北アルプス、浅間山が見える

❹ 瑞牆山
2230   鋸岩

大ヤスリ岩
山頂手前に短いロープ

大きな岩の間を進む

大きな岩の間を進む

休憩用のベンチ

❸ 天鳥川

飯森山

アップダウンを繰り返す
登りも下りもゆっくりと歩く

里宮神社

❷ 富士見平小屋
水 WC テントサイト

里宮平

❶ 瑞牆山荘
WC 水

気持ちのいい開放的な道

P 100台、無料

八丁平

大日小屋

大日岩

鷹見岩

金山沢

韮崎ICへ

五里山

⑤天鳥川を渡ると本格的な登山道になる。というよりも岩が多い道になる。大きな岩が転がる場所もあるので慎重に。そうした箇所には階段が設置されている。⑥この斜面を下るときにはできるだけ岩に乗らず、土の部分に足を置くこと。⑦山頂までもう少しの岩場。クサリを頼ろう。⑧このハシゴを登ると山頂。⑨抜群な展望を誇る瑞牆山山頂

少し勾配のきつい登りになると、水場が見えてくる。多くの登山者やテントサイト利用者が給水している。ボトルの水量が心配ならここでたっぷり詰めていこう。

この上の広場のようなところに建っているのが**富士見平小屋❷**だ。小屋の周囲にはテントサイトが広がり、にぎやかだ。金峰山方面へ向かう人たちや、反対に金峰山方面から下りてきた人たちが休憩している。

富士見平小屋から斜面を登る。最初はなだらかだが、次第に勾配がきつくなってくる。いったん下りになると石混じりになる。木の根につまずかないように注意しよう。

再び登りになると木々の間に瑞牆山が見える。同時にシャクナゲも観賞できる。この辺りで登りはピークを迎え、少し水平歩行すると左下に河原が見えてくる。**天鳥川❸**だ。ここに向かって急な斜面を下る。岩の多い道だ。水量の少ない流れを渡ったところが休憩ポイントで、ベンチがある。この先は瑞牆山への急登が始まるので、水分と栄養補給をした後、出発しよう。

この先は
岩場が連続する

前方の大岩まで行き、丸太の階段を登る。この大岩の下にはたくさんの木々が立てかけられている。先行した人達が適当な木々を拾って杖代わりに使ったものらしいが、どこか宗教的な意味合いも感じる。

この大岩を越えると大小の石が混じり合う道を登る。ところどころに岩にペンキで印が付けられているので、それに従う。大岩の間から立派なシャクナゲの花が顔をのぞかせることもある。

少しずつ高度が上がってくる。シャクナゲの群生に会えるあたりだ。クサリの張られた大岩に行く手を遮られる。ここを慎重に乗り越えるのだが、クサリが苦手なら大岩下の右側にある細い道をたどろう。こうしたエスケープルートのつけられた岩場は、コース上にいくつかある。とくに下る際にはエスケープルートを利用すると危険は少ない。

この大岩を越えて進むと、細かくジグザグに登るようになる。シャクナゲの木を避けるためのジグザグだから、くれぐれも木を傷つけないように注意したい。

崩落の危険がある斜面に差し掛かる。「キケン」と書かれた旗が立てられ、ロープが張ってあるので、立ち入らないこと。

山頂から派生する岩が見えてくる。高度がかなり上がったサインだ。後方のシャクナゲの木の間から富士山が見える。三角形に開いた岩の隙間をくぐると、さらに富士山の姿が

⑩山頂からの展望。大ヤスリ岩越しに見えているのは南アルプス。⑪山頂手前から見上げる風景。大ヤスリ岩が印象に残る。⑫優しい光が心地いい富士見平小屋からの道。⑬山頂は岩場なので、あまり歩き回らないこと。⑭山頂手前の急勾配の道。息が上がらない歩速で登ろう。⑮登山途中にくぐる岩。何故か楽しい

鮮明に見えてくる。狭いながら平坦なところまで登ってくると、そこが休憩ポイント。立ち休みの後、大きな岩を登る。ここにクサリが張られている。テープが巻かれた木に沿って登れば、クサリを頼らなくても大丈夫。

さらに勾配が増すと、岩と大木が折り重なる道を登るようになる。後方が開け、目の前に大ヤスリ岩が見えてくる。もちろん、さらに高所から、迫力のある富士山の姿も見える。ここから山頂まではひと息。右方向へ進み、岩をよじ登る。正面の鉄のハシゴを登れば、**瑞牆山山頂❹**だ。

山頂は岩場で、平坦なところはない。傾斜もあり、南側は切れ落ちているが、展望は素晴らしく、富士山のほか、北アルプスや南アルプス、八ヶ岳、浅間山などが見える。南東方向の上部に見えるのは金峰山の稜線だ。

下山は往路を戻ることになるが、天鳥川までの岩場下りに注意しよう。事故を起こす率は下るほうが高いからだ。

瑞牆山荘

瑞牆山の登山口に建つ山荘で、宿泊客のほかにもドライブで訪れた人たちが併設されたカフェで山岳リゾートを満喫している。登山自体は日帰りでクリアできるので、下山時に山を眺めながらコーヒーを頂くのも楽しい思い出になるはずだ。展望に優れたカフェテラス席がおすすめ。

💧 **水場** 瑞牆山荘、富士見平小屋にある。どちらも水量豊富で旨いが、事前に用意することも必要。

🚻 **トイレ** 瑞牆山荘、富士見平小屋にあるが、その先にはない。

●問合せ先
北杜市役所観光課 ☎0551-42-1351
瑞牆山荘 ☎0551-45-0521
富士見平小屋 ☎090-7254-5698

22 深田久弥終焉の地として知られる奥秩父の名峰

初・中級

標高	1704m
歩行時間	6時間50分
最大標高差	796m
体力度	★★☆
技術度	★☆☆

かやがたけ
茅ヶ岳

1/2.5万地形図 **茅ヶ岳・若神子**

登山適期とコースの魅力

1月	2月	3月	4月	5月	6月	7月	8月	9月	10月	11月	12月
積雪期			新緑		梅雨		夏山		紅葉	晩秋	

ヒナスミレ◀ コアジサイ サラシナショウマ レイジンソウ
エゾシオガマ ミズヒキ

展望 木が枯れた晩秋ころだと山頂からの展望に期待が持てる。
花 サラシナショウマやタチフウロ、エンゴサクなどが咲くが近年減少しているようだ。
紅葉 例年10月下旬～11月上旬過ぎ、標高1100mくらいから上部がきれい。

🌸 深い森に差し込む陽光がきれい。
☀ 登山に最適の季節とはいえないが、多くの登山者で登山道が混雑することもある。
🍁 紅葉目的の登山にも向いている。
❄ 積雪情報を確認してから登山すること。

30台程度駐車可能の無料駐車場

アクセス

中央自動車道韮崎IC — 県道（昇仙峡ライン）7km — 深田公園駐車場 — 6時間50分 — 深田公園駐車場 — 県道（昇仙峡ライン）7km — 中央自動車道韮崎IC

中央自動車道韮崎ICを利用。ICを出たらすぐに右折して、そのまま道なりに走行する。10分ほど走ると左側に深田公園の駐車場がある。ここに30台ほど駐車できる。ここが登山口になる。韮崎ICを出て右に曲がった地点にコンビニがあるので、必要な物はここで揃えること。この先に商店などはない。

コースガイド
百名山を選定した作家が眠る

　登山口の**深田公園❶**でトイレを済ませてから出発する。道標に従って林道を進む。すぐに左に分岐する工事用の道を直進する。林のなかの道だが、ところどころに石が転がっているのでつまずかないように。

　20分ほど歩き、舗装された**林道❷**を横切る。その先もしばらくはそれまでと同じような道だが、次第に登り勾配になり、路面に石や岩なども目立つようになる。林の状態もそれまでとは明らかに違い、太い樹木が増える。ところどころに倒木もあるので、気を付けよう。「女岩は崩落して……」という説明看板が右手に現れると、苔むした岩や倒木が目立つよ

登山道はわかりやすい。緑も濃いので森林浴気分で歩けるはず

うになる。右に大きな岩が現れる。その脇を抜けて、岩が転がる道を登る。

　正面に黄色のテープが張られた立入禁止区域が見えてくる。この先の**女岩❸**が崩れ、落石の危険があるための処置だ。黄色のテープに沿って岩場を巻く。まず右側の岩場に入り、岩に付けられたペンキマークを見つけながら歩く。足元には苔むした岩が多いので、岩の

| 高さ強調2倍 | | 1km | 2 | 3 | 4 | 5 | 6 | 7 | 8 |

❶ 深田公園
❷ 林道との交差点
❸ 女岩
❹ 深田久弥終焉の地
❺ 茅ヶ岳 1704
❻ 金ヶ岳
❺ 茅ヶ岳
❹ 深田久弥終焉の地
❸ 女岩
❷ 林道との交差点
❶ 深田公園

20分 | 1時間 | 50分 | 30分 | 1時間30分 | 50分 | 20分 | 30分 | 45分 | 15分

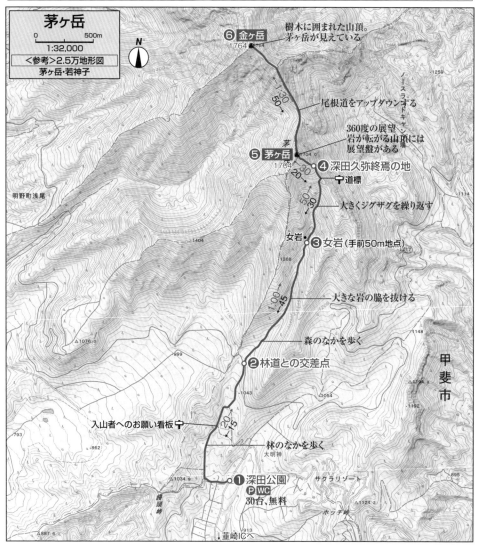

茅ヶ岳

0 ── 500m
1:32,000
<参考>2.5万地形図
茅ヶ岳・若神子

N

❻ 金ヶ岳 1764
樹木に囲まれた山頂。茅ヶ岳が見えている

尾根道をアップダウンする

❺ 茅ヶ岳 1704
360度の展望 岩が転がる山頂には展望盤がある

❹ 深田久弥終焉の地 道標

大きくジグザグを繰り返す

女岩 ❸ 女岩(手前50m地点)

大きな岩の脇を抜ける

森のなかを歩く

❷ 林道との交差点

入山者へのお願い看板

林のなかを歩く
太明神

❶ 深田公園
P WC
30台、無料

↓韮崎ICへ

明野町浅尾

甲斐市

①茅ヶ岳山頂。岩が転がる山頂だが富士山や甲斐駒ヶ岳、金峰山など360度の展望を楽しむことができる。②茅ヶ岳から金ヶ岳に向かう登山道。③茅ヶ岳山頂の展望盤。④茅ヶ岳から金ヶ岳に向かう途中でこの石門を抜ける。足元が若干荒れているので注意しよう。⑤金ヶ岳山頂。狭い山頂だが日当たりがいい。ゆっくり休憩していこう

上には絶対に乗らないように。ただし、岩の間の土はぬかるんでいることが多いので注意が必要だ。木の根が露出している箇所もある。なるべく踏まないように。

　岩の多い道を過ぎてしばらく登ると、急斜面に差し掛かる。ジグザグを繰り返して登ることになるが、少し長い登りになるので、休憩をしながら歩くことにしよう。この登りをクリアしたところに道標が立っている。ここでひと息入れていこう。道標には手描きで「茅ヶ岳300m」とある。

　ここから急斜面をひと登りすると**深田久弥終焉の地**❹に着く。百名山を選定した作家の深田久弥氏が亡くなったところだ。慰霊碑が立っているので、手を合わせたい。

樹林帯に遮られ続けただけに開けた展望が圧巻

　ここから登り勾配がきつくなる。岩の上を登る箇所も多く、体の上下動が意外に多くな

る。焦らずに立ち休みを繰り返しながら登るようにしよう。残念ながら樹林帯のなかなので、展望を得ることはできない。

　上空が開けてくると、**茅ヶ岳**❺の山頂に到着する。大きな岩が敷き詰められたような山頂には、山頂標識のほか凸凹のついた展望盤が設置されている。展望は素晴らしく、360度の絶景。瑞牆山や金峰山、仙丈ヶ岳、聖岳、甲斐駒ヶ岳などが眺められる。この山には「ニセ八ツ」という別名も付けられている。ただし、樹木が葉を茂らせる盛夏は、すべてを確認することは難しい。気に入った場所でランチとしよう。

珍しい石門の造形美は見逃せない

　たっぷり休憩したら、北西に見えている金ヶ岳へ向かう。下り出し地点には「金ヶ岳」の小さな看板がある。それに従って、樹林帯を急下降する。最初は土の道を下る。正面に

の多い区間では慎重に歩こう。ここではトレッキングポールは、かえって邪魔になる。岩や三点支持の姿勢で下らなければならない箇所があるからだ。ザックにしまってから下り始めるようにすると、一つ危険な要素を取り除ける。

石門まで下ったら、もう一度、珍しい自然の造形美を堪能していこう。石門から先、茅ヶ岳にかけて下る道に危険はないが体力が必要。登山の前にあわてて体力づくりをしても、真価が問われるこうした場面では馬脚を現すことになってしまう。毎日の積み重ねの大切さを改めて感じるだろう。

茅ヶ岳まで戻ったら、ひと休みした後、深田公園の駐車場までの帰路で、とくに注意したいのは女岩の巻き道の下り。できるだけ足場のいい場所に足を置くことを考えながら下るといいだろう。

⑥金ヶ岳から眺める茅ヶ岳。かなり下って登り返したことがわかる。高低図で確認しても茅ヶ岳と金ヶ岳の標高差は60m。2山の往復で2時間20分ほどかかる。茅ヶ岳の山頂で疲れているようならそのまま下山したほうがいい。体力と気力、天候の条件がそろったら再チャレンジすればいい。絶対に無理はしないこと。
⑦登山口近くの岩に何本もの木が置かれている。前に登った人たちがストック代わりに使った木だ。太い物もあるが、使えそうな物があればありがたく借用しよう

見えてくる大きな岩を回り込むように進むと、石門の正面に出る。西上州の妙義山で見る「第四石門」のようだ。この山に石門があることを知らない人も多いだろうが、茅ヶ岳から石門までは20分ほど。あまり時間に余裕がなくても、せめて石門だけでも見ておきたい。

石門をくぐって左の斜面を登り、岩の多い道を進む。岩場をよじ登る箇所もある。足場はあまりよくないが、一歩一歩確実に進もう。土の道が多くなると歩きやすくなる。後方に茅ヶ岳の山頂部が見えたら**金ヶ岳山頂⑥**だ。

ここは小広く、茅ヶ岳方面の展望に優れている。山頂標識があるほかはベンチなどもないが、大きな石がいくつもあるのでそれに座って休憩しよう。静かで居心地もいい。

金ヶ岳からは往路を戻る。石門までの下りは疲れていると膝に負担がかかる。とくに岩

深田久弥終焉の地

小説家、随筆家でありながら「日本百名山」を執筆した登山家の深田久弥氏が茅ヶ岳の山中で亡くなったのは昭和46年（1971）3月21日。その亡くなった場所に終焉の地の碑が建てられている。今でも命日になると多くのファンが献花に訪れている。

水場　山中に水場はない。スタート地点の深田公園に水道はあるが、併設するトイレ用の物らしい。事前に用意した方が無難。
トイレ　山中にはないのでスタート前に深田公園のトイレを利用しよう。

●問合せ先
韮崎市商工観光課　☎0551-22-1111

23　南八ヶ岳の荒々しさと北八ヶ岳の緑を体感　初・中級

標高	2646m
歩行時間	8時間5分
最大標高差	1092m
体力度	★★☆
技術度	★☆☆

1/2.5万地形図　蓼科・松原湖

てんぐだけ
天狗岳

登山適期とコースの魅力

	1月	2月	3月	4月	5月	6月	7月	8月	9月	10月	11月	12月
	積雪期		残雪		新緑	梅雨	夏山			秋山	紅葉	積雪期

コイワカガミ
ミヤマキンバイ　　イワツメクサ　　イワベンケイ

展望　天狗岳山頂からは雄大な八ヶ岳の山並みを楽しむことができる。
花　ショウジョウバカマやツガザクラ、コケモモ、ハクサンシャクナゲなど多くの花が咲く。
紅葉　天狗岳の紅葉は例年10月の10日くらいがピークで徐々に麓に広がる。

春　春の陽光が心地いいが、気温の低い日が多いのでフリースなどを持参しよう。
夏　東・西天狗岳、どちらの山頂にも人工物はない。そのため日よけ対策は確実にすること。
秋　山頂から眺める北八ヶ岳方面の紅葉がいい。
冬　積雪で本沢入口までのアクセスに難がある。

本沢入口の駐車場。20台程度駐車可能

アクセス

須玉IC 中央自動車道 → 国道141号・県道・林道 50km → 本沢入口 → （8時間5分）→ 本沢入口 → 林道・県道・国道141号 50km → 須玉IC 中央自動車道

中央自動車道須玉ICから国道141号を走行して、清里、小海方面へ走行。清里、野辺山を過ぎたら、松原湖入口で

左折して稲子湯方面へ道なりに走行。稲子湯の手前に本沢林道の入口があるので、左折して駐車場のある本沢入口へ。

駐車スペースは5〜6台だが、その付近の側道などを利用すると20台程度駐車することが可能。無料。

コースガイド

歩きやすい登山道から本沢温泉へ

　駐車スペースのある**本沢入口❶**から歩きやすい林道を進む。少し起伏はあるが息が上がることはない。20分ほどで**天狗展望台❷**に着く。ここにも数台駐車できるが、最低地上高の高い4WDでないと危険かもしれない。4台ほど駐車できそうだ。ここから先は道が荒れており、完全に4WDでないと無理。この道の終点には**ゲート❸**がある。その前が駐車スペースなのだが、山小屋関係者の4WD車でいっぱいになっている。

　ゲートをくぐって登り勾配の道を進むとベンチの置かれた富士見台に着く。おそらく富士山が見えるのだろうが、筆者はまだ確認で

①樹林帯に延びた本沢温泉に向かう道。本沢温泉などのスタッフが使う道だ。②樹木に囲まれた箕冠山。展望はない

水場　本沢温泉に水場がある。八ヶ岳の冷えた天然水を汲むことができる。たっぷり給水していこう。

トイレ　本沢温泉、山びこ荘、根石岳山荘にある。

●問合せ先
南牧村役場産業建設課　☎0267-96-2211
本沢温泉　☎090-3140-7312

3 **4**
5 **6**

③箕冠山から斜面を下り稜線を登って天狗岳に登る。頑張って先に進もう。④登山道から見上げる天狗岳。焦らずにゆっくり山頂を目指す。⑤東天狗岳の山頂から北八ヶ岳方面。遠く広がる雲海が印象に残る。⑥西天狗岳山頂は小さな広場のようでランチを広げる場所には困らない

きずにいる。

さらに進むと短い橋が連続する。ここを過ぎてしばらく進めば**本沢温泉④**に到着する。ゆるい坂道をわずかに登ると本沢温泉の正面玄関だが、手前に無料休憩所がある。

夏沢峠から
根石山荘に向かう

本沢温泉の無料休憩所でひと息入れたら、建物を回り込むようにして樹林帯を登ろう。また、本沢温泉に宿泊するなら、不要な荷物は預かってもらおう。

夏沢峠へは本沢温泉の野天風呂への道標に従う。わずかな時間で涸れた沢のようなところに出る。ここから樹林帯に入り沢を下に見ながら進むと左下に野天風呂が見えてくる。囲いがなくちょっと勇気が必要だが、抜群の解放感だ。ここの斜面をゆっくり詰めていく。ヒュッテ夏沢と山びこ荘の間を抜けると休憩ポイントでベンチが置かれている。

ここで少し休憩したらそのまま根石岳方面へ進む。道は樹林帯に延び、沿道では八ヶ岳らしい苔を観ることができる。30分ほどでオーレン小屋から登ってくる道と**箕冠山⑥**で合流する。

箕冠山からさらに根石岳方面へ歩く。登山道はすぐに下りになり、正面に根石岳、その左後方に西天狗岳が見えてくる。少し立ち休みをして眺めを楽しもう。さらに直進して樹林帯をひと下りすると、根石岳山荘が建つ広い鞍部に出る。ロープが張られたエリアにはコマクサが咲いているはずだ。ロープ内には絶対に立ち入らないように注意しよう。広い登山道を登ったところが根石岳山頂。

山頂は岩山という印象だが、展望は良好で正面に東天狗岳から西天狗岳が見えている。

101

八ヶ岳を南北に分ける
西天狗岳と東天狗岳に登る

根石岳山頂から岩混じりの稜線を下る。すぐにガレた道になり、鞍部の**白砂新道入口⑦**に到着。ここから東天狗岳に向けて少し勾配のある道を登る。岩場を抜け、ガレ気味の登山道をクリアして鉄製の橋を渡れば東天狗岳山頂はすぐ。

東天狗岳⑧の山頂は広く開放的だが、基本的には岩山なのであまり歩き回らない方がいい。また、風が強い日には細心の注意を払うこと。ただし、展望はよく根石岳の後方には八ヶ岳の主峰、赤岳が見えている。ひと休みしたら、西天狗岳に行ってみよう。東天狗岳山頂から岩稜線を下って鞍部まで行き、そこから登ることになる。岩に付けられたペンキマークを頼りの登りだ。その終点が**西天狗岳山頂⑨**。東天狗岳と西天狗岳は双耳峰といわれているが、岩山の東天狗岳とは異なり西天狗岳はハイマツに覆われている。そのため青い空とのコントラストが見事だ。また、東天狗岳よりも土の部分が多い。

また、東天狗岳は岩が多いことから「赤天狗」と呼ばれ、西天狗岳はハイマツが多いことから「青天狗」ともいわれている。

西天狗岳から東天狗岳に戻りひと休み。もう一回東天狗岳からの展望を楽しもう。ここから白砂新道入口まで下山。ここでもう一度天狗岳の眺めを堪能して左へ。白砂新道を下る。樹林帯をいきなり急下降することになるが、慌てずにゆっくり歩くことを心がけよう。

⑦大きな岩が堆積した東天狗岳。休憩する際は危険回避のため、山頂の端には寄らないように注意しよう。⑧山頂は晴れていても雲が発生したら焦らずに下山にかかろう

本沢温泉野天風呂

本沢温泉から夏沢峠に向かう途中にあるのが、有名な本沢温泉の野天風呂。標高2150mに湧く温泉だ。囲いはないが多くの人が利用している。利用する場合は入浴料の1000円を本沢温泉で納めること。

樹林帯の道はわかりにくい箇所もあるが、落ち着いて周囲を見ると、枝にテープが巻かれていたり、ペンキでマークされているのでそれに従えばいい。

ルートがわかりやすくなると、下り勾配は安定する。林のなかに建物が現れたら、そこが本沢温泉だ。設定コースタイムは約8時間だが、山慣れしていない人は本沢温泉で一泊する設定を組むほうが無難だ。本沢温泉からは往路を戻ることになる。約1時間40分ほどだが、山の温泉宿に泊まったことのない人こそひなびた温泉宿の気分を味わいたい。

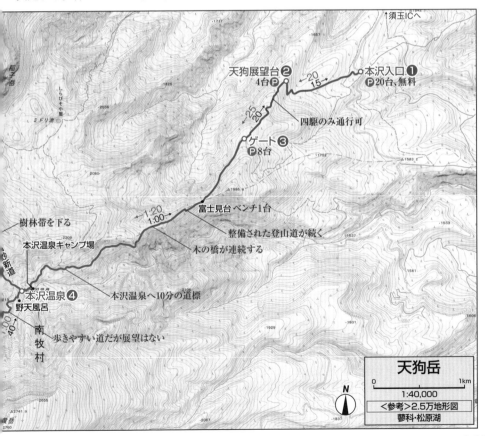

天狗岳
0   1km
1:40,000
<参考>2.5万地形図
蓼科・松原湖

24 往路で登る編笠山も楽しみ

初・中級

ごんげんだけ
権現岳

標高	2715m
歩行時間	8時間35分
最大標高差	1155m
体力度	★★☆
技術度	★☆☆

1/2.5万 地形図	八ヶ岳西部・ 小淵沢

登山適期と コースの魅力

1月	2月	3月	4月	5月	6月	7月	8月	9月	10月	11月	12月
積雪期			残雪	新緑	梅雨		夏山		紅葉	晩秋	積雪期

ハクサンシャクナゲ　コケモモ　コイワカガミ
シコタンソウ　ゴゼンタチバナ　コオニユリ

展望　好天なら富士山を望むことができる。さらに南北の日本アルプスも展望できる。
花　ミヤマクロユリ、タカネグンナイフウロ、オヤマリンドウ、ミヤマオダマキなどが咲く。
紅葉　編笠山〜権現岳は岩稜地帯だが、観音平〜押手川辺りで見ることができる。

🌸　小淵沢ICから近いこともあり、一年の登り初めで訪れる人が意外に多い。
☀　八ヶ岳エリアが最も輝く季節。小さな花たちも一所懸命に出迎えてくれる。
🍁　秋色に染まる八ヶ岳が楽しめる。
❄　上級者同伴なら編笠山までは登れるはず。

観音平の駐車場。70台、無料。トイレ有

アクセス

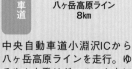

小淵沢IC　中央自動車道　—　八ヶ岳高原ライン 8km　—　観音平駐車場　—　8時間35分　—　観音平駐車場　—　八ヶ岳高原ライン 8km　—　小淵沢IC　中央自動車道

中央自動車道小淵沢ICから八ヶ岳高原ラインを走行。ゆるやかな登りだ。ルート上にコンビニは少ないので、見か

けたら立ち寄って必要な物を買い揃えよう。観音平に向かう分岐を左折する。山岳道路という風情の道だ。途中に延

命水という水場があるので、給水するといい。終点が観音平で、70台ほど駐車可能。無料。トイレがある。

コースガイド 要所には小さな広場が現れる

登山口までは公共交通機関がないため、圧倒的にマイカー派に支持されるコース。登山口は**観音平駐車場❶**になる。

ここから道標に従ってササに覆われた登山道を進む。5分ほど歩くと登り勾配になってくる。急登ではないので、それほど気にはならないが、力を抜いてゆったりした気分で進むことを考えよう。大きな岩の間を歩くようになると雑木林に入る。すぐに**雲海❷**に到着する。石造りのベンチが置かれているので、少し休憩していこう。左に下る道は紅葉台に繋がっている。

雲海から先は岩の間を歩く。ただし、歩く

①歩き出しは公園の遊歩道のような雰囲気だ。②雲海から押手川に向かう林のなかの道。③押手川手前。この辺りから山道になってくる

部分は土なので心配することはない。また、ササが茂る場所もあるので、雨上がりならゲイターを装着したほうがいいかもしれない。ルートがわかりにくい箇所には枝にテープが巻かれていたり、岩にペンキで印が付けられているので、見落とさないように。

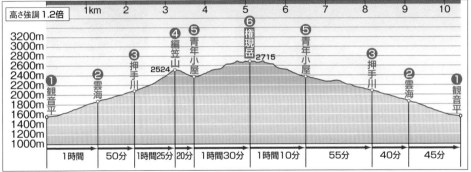

高さ強調 1.2倍										

❶観音平 ❷雲海 ❸押手川 ❹編笠山 2524 ❺青年小屋 ❻権現岳 2715 ❺青年小屋 ❸押手川 ❷雲海 ❶観音平

1時間	50分	1時間25分	20分	1時間30分	1時間10分	55分	40分	45分

権現岳

0　　　　500m
1:35,000

<参考>2.5万地形図
八ヶ岳西部・小淵沢

N

赤岳への
分岐点
権現岳 ❻
2715

ノロシバ
東ギボシ
西ギボシ
権現小屋
赤岳の迫力ある姿が
目の前に見える

乙女の水 ㊗
❺青年小屋
点々とクサリが
張られた稜線

岩の間の細い道から
大きな岩が堆積した
斜面を下る

樹林帯を歩く

❹編笠山
2524

三ツ頭
2580

右上に編笠山が見える

北アルプス、権現岳、
赤岳が見える

北杜市

シャクナゲ庭園・

急登
ハシゴを登る

前三ツ頭
▲2365

展望はない

岩の多い細い道を歩く

急登

押手川 ❸
苔の生えた岩が目立つ

岩の間を歩く

ルート不明瞭になるが、
木の枝に付けられた
テープを目印に進む

雲海 ❷
ベンチ

カラマツ林
ササが茂る道

紅葉台
屏風山 ▲1649

延命水 ㊗

❶観音平 1560
WC P 70台

小淵沢ICへ

中央道

権現岳

④権現岳に向かう途中から眺める編笠山。丸い形の山容が印象的だ。青年小屋も見えている。⑤苔が目立つ押手川。⑥青年小屋の有名提灯。登山者に優しい小屋として知られる。⑦青年小屋からひと登りして権現岳への稜線に取り付く。ペンキマークをたどって進む。⑧権現小屋手前の岩場。クサリが張られているので軽く手に持って歩く。⑨山頂直下に建つ権現小屋

雲海から30分ほどでベンチが置かれた小さな広場に出る。この先が**押手川❸**。苔に覆われた台地だ。押手川はかつて登山者が水を求めて、ここの苔に手を入れると水が湧いたということから命名されたらしい。

展望に恵まれた
編笠山の山頂に立つ

押手川の先でルートは二つにわかれる。左は編笠山へ登る道。右は編笠山をカットして権現岳にアプローチする道だ。今回は編笠山から権現岳に登るルートを選択する。

本格的な登山道に入る。勾配は次第に強くなるが危険はない。ただし、木の枝に巻かれたテープを頼ることになるので慎重に。高度が上がると日当たりがよくなり、立ち枯れした木々の間から南アルプスが見えるようになる。さらに勾配が増すと編笠山への道標が現れる。登山道が直角に曲がるとハイマツ帯に入る。上空が開けてくれば、岩が転がる**編笠山❹**の山頂に到着する。

編笠山の山頂は広く、視界を遮る物はない。

権現小屋手前の登り

ノロシバから先にクサリや岩場が連続する。ガレた斜面を直登して稜線に乗る。クサリが張られた斜面を慎重に進む。正面下に見えているのが山頂だ。気を抜かずに進む。特に雨上がりには慎重に。高度感はあるが、落ち着いてクリアしよう。いったん下って穏やかな稜線歩きになると権現小屋に到着する。

山頂の稜線から眺める赤岳。左下の尾根をたどって赤岳まで行けるのだが、マイカーで来ていることを忘れないように

天気にさえ恵まれれば北・南アルプスやこれから向かう権現岳などもよく見える。ただし、山頂には大小の岩が堆積しているので、歩き回るのは止めよう。

権現岳山頂から 八ヶ岳の主峰を拝む

編笠山から下に見える青年小屋まで、大きな岩が堆積する斜面を下る。常に青年小屋を意識して下ることだけに集中しよう。**青年小屋❺**の前でひと息入れたら、裏手から樹林帯を登る。ノロシバと呼ばれる場所からガレた斜面を直登すると稜線に乗る。ここからクサリが張られているが、難しい道ではないので落ち着いてクリアする。すでに編笠山を見下ろす地点まで登ってきている。

この辺りからいったん下り、穏やかな稜線を進むと権現小屋（休業中）に到着する。この小屋の上が赤岳と権現岳山頂への分岐点で、八ヶ岳主峰の赤岳とそこに向かう道がはっきり見えている。思わず赤岳まで行きたくなる

はずだが、ここからピストンするのは初級者にはちょっと辛い。展望を存分に楽しんだら、**権現岳❻**の山頂を確認して往路を青年小屋まで戻ることにしよう。

青年小屋からは巻き道を使って下山する。アップダウンは少ないものの、展望はない。しかし、植生は豊富でコイワカガミなどの高山植物を愛でることができ、飽きることはない。この道は押手川で往路でたどった道に合流する。道が二手に分かれる雲海からは左に進むこと。下山路で迷いやすい箇所なので注意しよう。

 水場 アクセス途中に延命水、青年小屋に水場があるが、必ず持参することが鉄則。

 トイレ 観音平と青年小屋にある。

●問合せ先
北杜市役所観光課 ☎055-42-1351
青年小屋 ☎0551-36-2251

107

25 憧れの八ヶ岳主峰に1泊2日で挑戦する　中級

あかだけ
赤岳

標高	2899m
歩行時間	9時間40分(1泊2日)
最大標高差	1418m
体力度	★★☆
技術度	★★☆

1/2.5万地形図	八ヶ岳西部・八ヶ岳東部

登山適期とコースの魅力

1月	2月	3月	4月	5月	6月	7月	8月	9月	10月	11月	12月
積雪期			残雪	新緑	梅雨		夏山		紅葉	晩秋	積雪期

ヒメイチゲ　ツウモグサ　オヤマノエンドウ　ヤツガタケタンポポ
ハクサンイチゲ　ミヤマキンバイ

展望　山頂からの展望は素晴らしく、富士山や南アルプス、北アルプスの峰々が見える。
花　コマクサやハクサンイチゲ、キバナシャクナゲ、イワウメなど多くの高山植物に出会える。
紅葉　例年の見頃時期は9月下旬から10月上旬頃。登山口付近は10月上旬～10月中旬。

春　5月からが登山シーズン。ただし、ゴールデンウイーク頃は完全に冬装備が必要。
夏　最も登山者の多い季節。山頂稜線を縦走するコースは混雑する。小屋は必ず予約すること。
秋　10月中旬くらいまでが秋と思ったほうがいい。
冬　極寒での雪山登山になる。

美濃戸の有料駐車場。1日1000円

アクセス

小淵沢IC（中央自動車道） — 八ヶ岳ラインなど20km — 美濃戸 — 9時間40分 — 美濃戸 — 八ヶ岳ラインなど20km — 小淵沢IC（中央自動車道）

中央自動車道小淵沢ICを出たら右へ。八ヶ岳高原ラインに入る。しばらく走ると原村方面の標識があるので、それに従い交差点を左折。ここから先は直線道路が続くのでスピードには要注意。道なりに走ると八ヶ岳美術館が右に現れる。そこを過ぎて少し走れば美濃戸への看板がある。ここが美濃戸口。右に進めばすぐに美濃戸。

コースガイド スケジュールを2泊3日にすると余裕が持てる

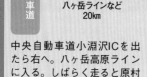

①高山植物の女王といわれるコマクサ。赤岳周辺は高山植物の宝庫でもある。②赤岳天望荘の五右衛門風呂が人気。標高2700mを超える場所での風呂は格別。③北沢コースと南沢コースの分岐に建つ美濃戸山荘。

　紹介するのは行者小屋から地蔵尾根を登り、地蔵の頭から赤岳山頂を経由して行者小屋に戻る中級者コース。多くの登山者が歩くコースだが、単独ではなく2人以上のグループで挑戦することをおすすめする。

　歩行時間は9時間余りと長いので、1泊以上の日程を組むようにしたい。行者小屋に1泊して、翌日に行者小屋～地蔵の頭～赤岳を歩いて下山するといい。歩行時間は1日目が3時間30分、2日目が6時間10分。2日間の合計は9時間40分になる。

　日程に余裕があるなら、山頂稜線に建つ赤岳天望荘か赤岳頂上山荘に1泊して全行程を2

水場　美濃戸、赤岳鉱泉、行者小屋にあるが、稜線上にはない。

トイレ　各小屋にあるが、宿泊しない場合はチップ制のところが多い。屎尿処理には費用がかかるので必ず協力しよう。

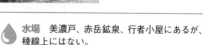

●問合せ先
茅野市役所観光課　☎0266-72-2101

④山頂稜線から眺める夜明け。雲海の上に浮かぶ富士山の姿が印象的だ。⑤行者小屋のテントサイト。⑥地蔵の頭に立つ石仏

泊3日にするといい。コース上には3軒の小屋がある。詳しくは110ページのコラム「コース上の山小屋」を参照。

引率者が経験者なら初級者でも歩くことができる。ただし、行者小屋から先は岩場やガレ場、クサリ場などが続くため体力は必要だ。

美濃戸から南沢コースで
行者小屋へ向かう

美濃戸❷に建つ山小屋の最奥に建つ美濃戸山荘前が登山口になる。ゲートを越えて南沢コースを進む。階段を下って小さな流れを渡り昼でもほの暗い原生林のなかを進む。目指すのは行者小屋だ。

30分ほど歩くと右上に赤岳が見えてくるが、すぐに木々に隠れてしまう。ルートを見失う心配はないので、時々現れる道標に従う。

1時間ほど歩くと林のなかから涸れた沢のような場所に出る。正面に見えているのが硫黄岳から赤岳の稜線。上方も開け、抜けるような青い空が印象的。そのまま道なりに歩けば行者小屋❸に到着する。

行者小屋の前にはテントサイトが広がり、水場がある。展望も素晴らしく頭上には赤岳の稜線が広がる、山の宿というイメージがぴったりの小屋だ。午後になると主稜線を縦走した人や赤岳に登った人たちの下山時刻になるため、小屋の前には満足気な表情をした登山者で一時混雑する。

岩稜線を登って
展望に優れた赤岳山頂に立つ

行者小屋から赤岳山頂へ登るルートは2本。一つは文三郎尾根を登って山頂に立つルート。もう一つが地蔵尾根から稜線に取り付くルートだ。どちらを選択してもそれほど難易度は変わらない。

ここでは地蔵尾根を経由して山頂に立つルートを紹介する。

行者小屋の裏手から道標に従って樹林帯に入る。すぐに地蔵尾根に取り付く。最初はゆるやかな登りだが、次第に勾配が増してくる。30分ほどで岩稜の登りになる。10mほどのクサリが連続した後、ハシゴが続く。さらに15mほどのクサリを数本クリアすると地蔵の頭❹に到着する。

権現岳山頂から展望する赤岳。威風堂々とした立ち姿はさすが八ヶ岳の盟主だ

コース上の山小屋

硫黄岳〜赤岳の稜線上には行者小屋（☎090-4740-3808）、赤岳天望荘（☎0266-74-2728）、赤岳頂上山荘（☎090-2214-7255）の3軒の山小屋が建っている。どこも展望に恵まれているため人気だ。宿泊の場合は予約を入れておいたほうが無難。

　ここから山頂稜線を進む。正面に見えるのが赤岳だ。展望を楽しみながら進もう。短い時間で赤岳天望荘に着く。盛夏なら様々な高山植物が観察できるエリアだ。ここから目の前に見える急坂を登るので、しばらく休憩。

　呼吸が整ったら水分補給をして、急坂の登りにかかる。このルートで最も勾配の強い道だ。立ち休みを繰り返しながら進む。いったん勾配がゆるんだ地点が肩になる。ひと登りで山頂の一角、北峰だ。ここに赤岳頂上山荘が建っている。ここから岩稜帯を数分歩けば南八ヶ岳の主峰である**赤岳山頂❺**に到着する。八ヶ岳の峰々、富士山、北・中央・南アルプスなどのほか、秩父連山や奥日光の山が見える。

　行者小屋へは、クサリが張られた岩場の下りからスタート。夏ならミヤマオダマキやシコタンソウに癒される場所だ。道が平坦になってくると、キレット方面の分岐に着く。ここを右へ。

間違ってもキレット方面には行かないこと。初級者では太刀打ちできない状況になる。小石でガラガラする道をひたすら下ると前方に中岳、その後方に阿弥陀岳が見えてくる。道標の立つ場所が文三郎尾根と中岳へ向かう**稜線との分岐⑥**。道標の近くでひと息入れていこう。

この分岐を右へ。ガレて滑りやすい道だ。すぐに金網で作られた階段を下るようになる。下方に樹林帯が見えてきたら、**行者小屋❸**は近い。

行者小屋からは往路を戻る。

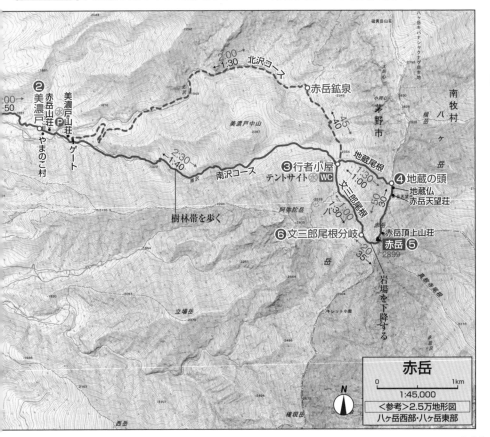

赤岳

0 ————— 1km

1:45,000

＜参考＞2.5万地形図
八ヶ岳西部・八ヶ岳東部

26 | 明るい樹林帯を登って富士山の展望台へ

初・中級

こもつるしやま
菰釣山

標高	1379m(菰釣山)
歩行時間	7時間55分
最大標高差	679m
体力度	★★☆
技術度	★★☆

1/2.5万
地形図 | 御正体山・中川・都留・大室山

登山適期とコースの魅力

	1月	2月	3月	4月	5月	6月	7月	8月	9月	10月	11月	12月
	積雪期		残雪	新緑		梅雨		夏山		秋山	紅葉	

マメザクラ
フサザクラ
シロヤシオ
ハナネコノメ
バイケイソウ
マルハダケブキ

展望 登山途中の展望はないが、山頂から眺める富士山は大きく迫力に満ちている。
花 シロヤシオやマルバウツギ、トウゴクミツバツツジ、マイヅルソウなどが観察できる。
紅葉 10月下旬〜11月中旬が見頃だが、標高の低い場所では12月上旬頃まで見られる。

🌱 樹林帯に差し込む春の光と森を抜けるさわやかな風が心地いい。
☀ 道の駅どうしからの林道歩きが暑い。水分補給を小まめに繰り返して進もう。
🍁 紅葉歩きが楽しめる山。
❄ 避難小屋を利用して登る人も多い。

道の駅どうしの駐車場。100台駐車可能

アクセス

中央自動車道河口湖線都留IC → 国道139号・県道24号線 18km → 道の駅どうし → 7時間55分 → 道の駅どうし → 県道24号線・国道139号 18km → 中央自動車道河口湖線都留IC

中央自動車道河口湖都留ICを出たら、国道139号をわずかに走り県道24号線へ。少しアップダウンのある道を

進むと道坂トンネルを抜けて、国道413号（道志みち）に突き当たる。ここで右に走ればすぐに道の駅どうしに到着。

ここにクルマを停めて菰釣山をピストンする。道の駅どうしにはレストランと売店、トイレが併設されている。

コースガイド

道の駅どうしからスタートする

　道の駅どうし❶は24時間利用できるドライブイン。ここにクルマを駐車してスタートする。水や簡単な食べ物も購入できるので、買い忘れた物があればここで調達することができる。ひと休みしてトイレを利用したらスタートしよう。

　道の駅どうしの目の前を流れる道志川に架かる橋を渡り、舗装道路を直進する。左に鳥ノ胸山に向かう登山口があるが、ここは直進。焦らずにのんびり歩くことを心がけよう。少し高度が上がると晴天日なら富士山を拝むことができるはず。**つつみ橋❷**で小さな流れを渡る。民家が建つエリアだ。

①キャンプ場が点在する林道を歩いて登山口へ。ゆったりした気持ちで歩こう。②林道の終点に近くなると沢沿いを歩くようになる。③林道の水場。④林道終点。山登りが始まる

　オートキャンプ場を過ぎて少し登り勾配になるとファミリーや若者たちのグループで混雑する道志の森キャンプ場の前に出る。シーズンの土・日曜には多くの人たちでにぎわっ

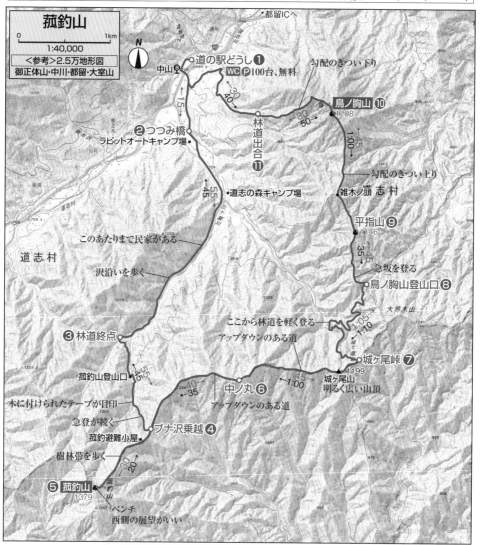

⑤菰釣山山頂からの展望。好天なら富士山が見える。⑥菰釣山の狭い山頂。お互い譲り合って山頂のテーブルを利用しよう。⑦登山口からは足元が不安定な樹林帯を登る。⑧ブナ沢乗越まではこうした道が続く。⑨ブナ沢乗越の道標。菰釣山までは1kmとある。⑩登山者にとってはありがたい存在の菰釣避難小屋。天候が急変したらここで状況を判断すること

ている。

このキャンプ場を過ぎると三ヶ瀬川沿いに右に大きく曲がっていく。まばらに民家が建つエリアだが、しばらく進むと民家が途絶え、斜面から水が湧きだす場所を通過する。季節によって水量が変わるようだが、水場としての機能があるようだ。しばらく歩くと**林道終点❸**に到着する。

林道終点から
菰釣山の道標に従う

林道の終点で菰釣山の道標に従って左へ。ブナ沢と名付けられた小さな沢沿いを進む。10分ほどで菰釣山登山口入口の道標と出合う。ここは直進する。左の道はクサリが張られ、立ち入り禁止になっているようだ。

斜面の林のなかに延びる登山道に入る。すぐに小さな流れを渡り、涸れた沢を登るようになる。かなり荒れていて、ルートがわかりにくい。足元が荒れていて踏跡もよくわからない状況だが、周囲をよく見ると木の枝にテープが巻かれている。それを頼りに歩くよう

にすればいい。立ち休みを繰り返していこう。

斜面を直登するようになるとさらに勾配が強くなるので、短い立ち休みを繰り返して頑張ろう。木々の間から稜線が見えてくると間もなく急登が終了する。たどり着いた地点が**ブナ沢乗越❹**だ。ひと呼吸入れたら、山頂に向かう。すぐに菰釣避難小屋に着く。天候が悪いときや疲れたときにはありがたい存在だ。ここから山頂までは30分ほど。少しここで休憩するのもいい。

避難小屋からは気持ちのいい尾根歩きが続き、苦労することなく菰釣山の山頂に到着できる。

菰釣山山頂❺は狭いが、テーブルが2基置かれている。展望は申し分なく山中湖方面を一望することができる。また、富士山の展望に優れているため、時間が許す限り留まっていたいと思わせてくれる。ただし、山中湖方面から登ってくる登山者も多いので、テーブルを独り占めしないこと。明るく開放的な雰囲気が人気の山頂だが、縦走が始まるので、余裕を持って出発しよう。

⑪菰釣山山頂から眺める富士山。12月10日前後の撮影だが、この頃までは登ることができる。⑫鳥ノ胸山山頂。土砂の流出が多い気がする。⑬歩き出すと富士山の頭が見える

爽快な縦走路を
楽しみながら進む

　山頂から往路を**ブナ沢乗越④**まで戻り、さらに先に進む。緑が濃い道で新緑や紅葉の季節には多くの登山者とすれ違う。階段状の道を下って、さらに登り返した辺りがブナ沢の頭。さらに進んで**中ノ丸⑥**へ。ブナ林がきれいな道を行くと前方が開けてくる。陽光がまぶしいくらいだ。ここが城ヶ尾山。登山道に座り込んで休憩するには格好な場所だ。ここから城ヶ尾峠は数分の距離。

　城ヶ尾峠⑦で稜線の道とはお別れ。少し休憩したら、善之木・神池方面へ下る。ロープが張られた足場の悪い斜面だ。極端に道幅の狭い箇所もあるので慎重に。わずかな時間で林道に下り立つ。

木漏れ日の道を
たどって鳥ノ胸山へ

　下り立った林道をそのまま下ると道の駅どうしに戻ることができるが、ここは右へ。未舗装の道を歩く。どこにも道標はないが焦らないこと。ひとしきり進むと峠のような場所で、白い砂の路面に変わる。ここが**鳥ノ胸山登山口⑧**になる。登山口の前が小さな広場になっているので、ここで休憩していこう。

　鳥ノ胸山に向けて登山道に取り付く。樹林帯では踏跡や枝に付けられたテープなどを見落とさないように。**平指山⑨**からいったん下って木の根が露出した尾根道を登る。登り着くと**鳥ノ胸山⑩**だ。山頂は広いが展望は期待薄。山頂からは中山バス停に向けて下山。下り立った地点から道の駅どうしに戻る。

道志のキャンプ場

登山ルート上には道志の森キャンプ場とラビットオートキャンプ場がある。ここに宿泊して登山を楽しむ人も多い。家族や山仲間と利用すれば楽しい思い出になるはずだ。
●道志の森キャンプ場
☎0554-52-2388
●ラビットオートキャンプ場
☎080-1058-4554

水場　登山途中、三ヶ瀬川沿いに水が湧きでている場所がある。山中にはない。

 トイレ　道の駅どうしにある以外、山中にはない。

●問合せ先
道志村観光協会　☎0554-52-1414
道の駅どうし　☎0554-52-1811

115

27 | ゴンドラを利用して登る 2000m 級の山　初級

にゅうかさやま

入笠山

標高	1955m
歩行時間	2時間40分
最大標高差	175m
体力度	★☆☆
技術度	★☆☆

1/2.5万 地形図	信濃富士見

登山適期とコースの魅力

1月	2月	3月	4月	5月	6月	7月	8月	9月	10月	11月	12月
積雪期	残雪		新緑		梅雨		夏山		紅葉	晩秋	

スズラン　　　　　　　　　　　　　　エゾリンドウ
ヒトリシズカ　　　アヤメ　　コオニユリ　　キツリフネ

展望　入笠山山頂から眺める富士山の姿が印象的。中央、南アルプスも見える。
花　スズランやアヤメ、ヤナギラン、クガイソウ、スズランなどが観察できる。
紅葉　見頃は10月中旬〜11月上旬。この時期に訪れる観光客も多い。

春　4月〜12月上旬頃が登山シーズンだが、おすすめするのは4月の晴天日。温かく心地いい。
夏　ゴンドラが利用できるため、実際にはこの時期が最も登山者が多い。
秋　美しい紅葉が楽しめる。
冬　登山向きの季節ではない。

入笠山を代表する花の一つ。アヤメ

アクセス

中央自動車道諏訪南IC → 国道20号 5km → 富士見パノラマリゾート（山麓駅）駐車場 → ゴンドラすずらん 5分 → 山頂駅 → 2時間40分 → 山頂駅 → ゴンドラすずらん 5分 → 富士見パノラマリゾート（山麓駅）駐車場 → 国道20号 5km → 中央自動車道諏訪南IC

中央自動車道諏訪南ICから国、道20号、一般道を経由して10分ほどでゴンドラすずらんの発着駅でもある富士見パ｜ノラマリゾートの駐車場に到着する。ここの無料駐車場を利用して、ゴンドラすずらんに乗る。乗車時間は天候や混｜雑具合などで変動するがおよそ10〜15分。ゴンドラからの眺めを存分に楽しもう。

コースガイド　あっという間に 1800mの高地へ

　山麓からゴンドラに乗って15分。スタート地点は**山頂駅❶**になる。この空中散歩で驚くのが、展望よりもゴンドラ下の斜面を疾駆するマウンテンバイク。斜面に造られたマウンテンバイクのコースは本格的なもので、さまざまな大会が開催されているらしい。ゴンドラから見えるのはそのコースで練習するライダーの姿だ。あっという間に通り過ぎていく。

　ゴンドラ山頂駅を出たらまっすぐに進む。整備が行き届いた道だ。右に展望テラスがあり、アイスクリームやコーヒーが飲める店が併設されている。下山時にここでゆっくりしてもよさそうだ。

空中散歩が楽しめるゴンドラ。高低差730mを約5分で登る。目を奪われるほどのロケーションだ

左：樹林帯のなかの道は歩きやすいように常に管理されているので安心だ。右：足元が不安定な箇所に設置された木道

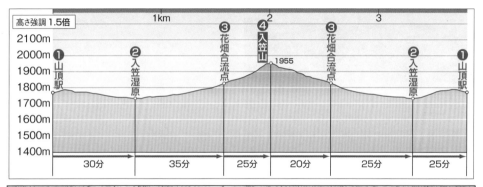

30分	35分	25分	20分	25分	25分

入笠山

0　　　　500m
1:25,000
<参考>2.5万地形図
信濃富士見

林道を渡って湿原へ

林道出合
花畑

山頂駅 ❶
1780
WC

扉を必ず閉めること

平坦な林道を歩く

マナスル山荘本館・新館
御所平峠
お花畑
表登山口コース
❸花畑合流点

ゆるやかな階段

スズラン
群生地の斜面

岩場コース
山頂下分岐
❹入笠山
1955

山頂は開けて、八ヶ岳を
はじめ南アルプス北部、
北・中央アルプス、富士山
など360度のパノラマが
広がる

カラマツの美林が広がる

首切登山口

首切清水

大阿原湿原入口

大阿原湿原

湿原を一周できる

テイ沢

富士見パノラマリゾート
諏訪南ICへ

ゴンドラ（すずらん）

山彦荘（冬は休業）
WC

入笠湿原 ❷

117

①山彦荘前から眺める入笠湿原。下山は木道を斜めに登って写真右上からゴンドラ山頂駅へ。②遮る物のない入笠山山頂。日差しが強いので要注意。③緑に覆われた入笠湿原。④湿原から見た山彦荘。山荘前のベンチが格好の休憩場所。⑤お花畑入口に立つ道標。⑥湿原の出入り口にはこうした扉がある。⑦湿原を取り囲むようにして張られた網。⑧入笠湿原のなかを通る林道

正面に見えてくるのが、入笠山ハイキングコースの入口。ルートを説明する看板が立てられている。また、休日には入口でコース説明をしてくれる係員がいるので心強い。

ここから遊歩道を進む。歩きやすい道で、足にかかる負担は少ない。シーズンなら、すぐにアヤメが鑑賞できる場所でもある。

年間を通して
楽しめる入笠湿原

遊歩道を進むと左に登る道と右に進む水平道が分岐する。入笠湿原は右へ。八ヶ岳展望台に向かう橋を右に見送って直進。手入れされた林を抜ける。林道を横切れば湿原入口に着く。

動物避けの金網が巡らされた**入笠湿原❷**。扉を開けたら確実に閉めてから湿原に入る。木道が敷かれた湿原に咲く花は季節で変わるが、アヤメやスズランなどの群生がよく知られている。とくにスズランは100万本以上自生しているともいわれる。スズランのほか、

ザゼンソウやヤナギラン、コオニユリ、ツリフネソウ、アキノキリンソウなど多くの高山帯の花を愛でることができるが、写真を撮るだけで絶対に触らないこと。

木道を進んで山彦荘へ。小屋のベンチで休憩したら先に進もう。林道を少し歩いたら左に下り、登山道に入る。アップダウンの少ない歩きやすい道だ。

舗装道路に出ると、左にお花畑が広がっている。ここも金網で囲まれている。ゆっくり高山植物を愛でよう。お花畑をジグザグに登る。ここを抜けると入笠山の登山道に入る。

やっと山道らしい場所を歩くようになる。岩が転がるガレ気味の箇所もあるが、基本的に歩きやすい。また、多くの登山者が歩くルートなので、よく踏まれている。

入笠山山頂で
ゆっくり展望を楽しむ

ササが茂る道になると岩場コースと岩場迂回コースの分岐に出る。どちらを歩いてもい

⑨心地いい風が吹き抜ける入笠湿原。さまざまな高山植物に出会える場所だ。何時間でも滞在したいと思う。できれば1泊して植物や動物たちが目覚める頃に散策したい。⑩入笠湿原前にあるトイレ。湿原に入る前には必ず利用しよう

いが、岩場コースから山頂へアプローチして、下山時に岩場迂回コースを歩いてみよう。岩場コースといっても、通常イメージする岩場とは違い、誰でも歩くことができる。

岩混じりの道が時々現れるが、基本的には土の道なので安定している。しかし、岩の多い箇所では要注意。浮いた石に乗ると転倒することがあるので、注意して歩くこと。できるだけ、土の部分に足を置くようにしよう。15分ほどで**入笠山❹**の山頂に到着する。

入笠山の山頂は広く、360度の展望を得ることができる。富士山をはじめ、南アルプスの山々や中央アルプス、八ヶ岳、北アルプスの名だたる山も見える。ざっと数えても30山以上が確認できた。ここを訪れるならぜひ、双眼鏡を持参しよう。楽しみが増えるはずだ。

何時間いても飽きないピークだが、逃げる場所がないため、日差しの強い日は注意が必要。帽子、サングラスなどは必需品となる。また、雨天時も逃げ場所がないので、晴天日でも雨具を持参すること。

下山は岩場迂回コースをたどる。往路で立ち寄ったお花畑には寄らず、マナスル山荘の脇に出て舗装路から林道を歩いて山彦荘まで下るルートだ。

山彦荘前から入笠湿原に入る。往路は戻らずに湿原を横断する長い木道を歩いてみよう。

見下ろす風景がどこか北欧的で、いい思い出になるはずだ。

木道から登山道に出ると、わずかな時間でゴンドラ山頂駅に到着する。下山する前に山頂駅でコーヒーブレイク。雄大な景色を今一度確認したら帰路につこう。入笠山は気軽に自然と触れ合えることで知られている。季節を変えてまた、訪れてみよう。

入笠山の山小屋

入笠山山域には山彦荘、ヒュッテ入笠がある。日程に余裕があるなら1泊して、静かな山の夜を過ごすのもいい。
●山彦荘
☎0266-62-2332
●ヒュッテ入笠
☎0266-62-2083

水場 紹介ルート上に水場はない。歩行時間は2時間40分程度なので事前に用意しておこう。ゴンドラ山麓駅、山頂駅に清涼飲料水の自動販売機がある。

トイレ ゴンドラ山麓駅、山頂駅、山彦荘、ヒュッテ入笠にある。

●問合せ先
富士見町産業課 ☎0266-62-9342
富士見パノラマリゾート ☎0266-62-5666

28 安倍奥にそびえる法華経聖地の山に登る

中級

しちめんさん
七面山

標高	1983m
歩行時間	7時間30分
最大標高差	1500m
体力度	★★★
技術度	★★☆

1/2.5万地形図	七面山・身延

登山適期とコースの魅力

1月	2月	3月	4月	5月	6月	7月	8月	9月	10月	11月	12月
積雪期			新緑		梅雨	夏山		秋山		紅葉	晩秋

バイカオウレン
ミツバツツジ
イチョウラン
トウカイスミレ
ウクバネソウ

展望 敬慎院の前から富士山が眺められるが、確率は低い。風のある晴天日なら確率は高まる。
花 春には桜が咲き多くの登山者が訪れる。啓翁桜、枝垂れ桜、御衣黄桜が知られている。
紅葉 11月上旬頃が最も美しい。厳かな雰囲気の中で鑑賞することができ、心が落ち着くはず。

春 野に咲く花々と遠くで草を食むシカのファミリーの姿に心が癒される。
夏 盛夏は暑く登山向きではない。
秋 空気が澄み自分自身を見つめるための登山には最適の季節。
冬 初心者でも敬慎院までなら登ることができる。

羽衣の登山道入口にある駐車場

アクセス

中部横断道下部温泉早川IC → 国道300号・県道37号線 18km → 登山口駐車場 → 7時間30分 → 登山口駐車場 → 県道37号線・国道300号 18km → 中部横断道下部温泉早川IC

中部横断道の下部温泉早川ICから県道9号線の本栖・国道52号方面へ。国道300号に突き当たったら左折。上沢の交差点で県道37号線の西山温泉、早川方面へ。道なりに走り、トンネルを抜けた先にある七面口郵便局で左折。そのまま春木川沿いを走ると広い駐車場がある。さらにその先を右へ行くと登山口に15台程度駐車できる。

コースガイド

山登りの原点を思い起こさせてくれる山

登山口の**羽衣❶**には15台程度駐車できるが、満車の場合はアクセス途中の河原の駐車場を利用しよう。羽衣の駐車場から直接登山道に入ることができるが、ここは霊験あらたかな場所。信者でなくても正面の門を抜けてアプローチしよう。登山道というよりも、参道というイメージが強く残る道だ。階段状に区切られた区間も多く、慣れてくると歩きやすい。道のあちらこちらに奉納札が揚げられているのが、法華経の聖地である証といえる。

登り始めの道は20mほど歩くと休憩用のベンチが置かれている。また、屋根付きのベンチが設置された場所もある。高齢の信者も

羽衣の登山道入口。必ずこの門をくぐって入山しよう。厳かな雰囲気で登山がスタートするはずだ

左：登山口から入ってすぐにある神力坊休憩場。右：コースは常に整備されている

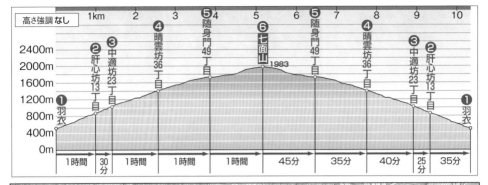

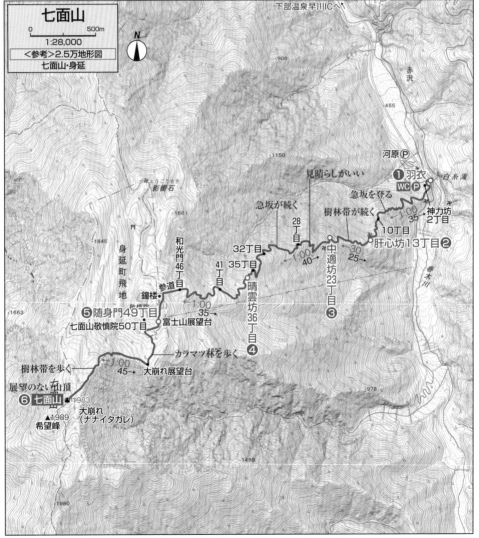

七面山

0　　　　500m
1:28,000

<参考>2.5万地形図
七面山・身延

N

下部温泉早川ICへ

・909

赤沢

・455

・1150

河原 P

見晴らしがいい

❶ 羽衣
WC P

白糸滝

急坂を登る

急坂が続く

樹林帯が続く

神力坊
2丁目

・1661

28
丁目

10丁目
肝心坊13丁目 ❷

32丁目

30
25

35丁目

中適坊
23丁目 ❸

春木川

影嚮石

・1845

和光門
46丁目

41
丁目

40

・978

身延町
飛地

参道
鐘楼

35

晴雲坊
36
丁目 ❹

❺ 随身門49丁目

七面山敬慎院50丁目

富士山展望台

・1663

・1358

樹林帯を歩く

カラマツ林を歩く

大崩れ展望台

45

展望のない山頂

❻ 七面山

・1983

大崩れ
（ナナイタガレ）

▲・989
希望峰

・1489

・1980

121

①登山道脇に造られている休憩所。こうした小さな休憩場所がコース上にいくつかある。②肝心坊の休憩所。スタートから2番目にある休憩場所だ。③肝心坊にある墓石。④登山途中で出会ったシカのファミリー。⑤富士山展望台の前に建つ随身門。ここから七面山山頂を目指す。ここでしばらく休憩してから出発しよう。山頂までは1時間ほどだ

多く訪れることからの配慮だが、そうした人がいなければありがたく使わせて頂こう。

歩き始めてすぐに神力坊という休憩所の前を通る。休憩するにはまだ早いので頑張ろう。眼下に川が見えてくると、幾重にも曲がりながら登るようになる。

取材時、10丁目を過ぎた辺りを登っていると、上方から掛け声のような音が聞こえてきた。それがだんだん近づいてくる。カーブを曲がったところで、白装束の集団とすれ違った。どうやら彼らの勤行の声だったようだ。すれ違うとき、一団のひとりひとりが頭を下げていく。こちらは一団が通過するまで頭を下げっぱなしだったが、心が洗われるような貴重な体験をした。

13丁目の肝心坊❷の無料休憩所でひと息入れて出発。この辺りから樹林帯を登るようになるが、一定のリズムで登ることができる。次は**23丁目の中適坊❸**で休憩。

28丁目辺りから勾配が少し増すので、息が上がらない歩速で登ることを心がけよう。立ち休みを繰り返し、沿道に置かれたベンチの誘惑に負けながら進む。

沢音が聞こえてくると32丁目に到着。清涼感のあるところだ。周囲の木々がブナやナラに変わると**36丁目の晴雲坊❹**に到着する。ここでしばらく休憩。

晴雲坊から勾配の強い道を登って敬慎院へ

晴雲坊を過ぎても相変わらず勾配のきつい歩きが続くので、息が上がらない速度で進む。勾配が落ち着くのは40丁目辺りからだ。さらに進むと平坦に近くなるが、41丁目を過ぎるとそれほどきつくない登りになる。ほとんどその勾配のまま和光門に着く。ここが46丁目だ。門をくぐったら勾配のきつい参道のような道を登る。この辺りで野生のシカのファミリーを見かけることがある。立ち止まってこちらを見つめる表情がとても愛くるしい。

石の灯籠が等間隔で並んでいる。ここを登り詰めると鐘楼があり、敬慎院の境内に入る門が構えられている。歴史と威厳が感じられる場所だ。ここから境内に入り、本殿前から階段を上がって**随身門49丁目❺**をくぐり、富士山展望台に向かってもいいが、鐘楼の前から、斜面を急登して富士山展望台に上がるのが通常のルートのようだ。

随身門前に設置された富士山を中心にした展望盤

⑥登山途中で眺める麓の風景。山深い地にいることがよくわかる。
⑦展望盤が設置された七面山山頂。現在、展望を得ることはできない。⑧歴史と伝統を誇る七面山敬慎院

展望盤が立つ
展望のない七面山に登る

富士山展望台の端に付けられた道標に従って七面山へ向かう。「山頂まで40分」の看板に導かれるようにして登山道に入る。すぐに作業小屋の脇を抜けてきれいなカラマツ林に入る。道はゆるい登りだ。カラマツ林は草地のため、登山道はその草を刈って造られているようで、フカフカとした感触が味わえる。

道が細くなるときれいなアカマツ林を抜ける。そして斜面を斜めに登るようになる。途中、左にダイナミックに崩れた斜面が見えてくる。ここが大崩れといわれる場所だ。登山道から外れて見物などしないように。滑落の危険があるからだ。

林のなかをアップダウンして進む。再び大崩れが見えてくると、左に小道が分岐する。ここを進むと大崩れの展望台に着く。小道の分岐に戻ったら左へ。右左折を繰り返すが、道はしっかりしている。大きく斜面を登って、その高度を保つようにして進めば山頂は近い。正面が開けた台地になれば、そこが**七面山⑥**の山頂。

日当たりのいい七面山山頂だが、残念ながら展望には恵まれていない。訪れる人も少ないようなので、ゆっくりしたい。

七面山は修験者の山でもあるため、登山には体力が必要となる。それをカバーしてくれるのが、登山道に設置されているベンチや休憩所だが、思い切って七面山の敬慎院に宿泊してみるのもいい思い出になるはず。ただし、七面大明神の御開扉式と勤行に参列する必要があるが、非日常が体験できる。詳しくは七面山敬慎院へ。

七面山の大崩れ（ナナイタガレ）

今から170年前に起きた七面山の斜面崩壊地。この崩落は現在進行形だ。近くを通ると岩が崩落する音を聞くこともあるようだ。大崩れが見える展望地がある。

水場 神力坊、晴雲坊36丁目、鐘楼手前、敬慎院にある。

トイレ 登山口手前、神力坊、晴雲坊36丁目、敬慎院にある。

●問合せ先
身延町役場観光課 ☎0556-62-1116
七面山敬慎院 ☎0556-45-2551

29 高山植物の宝庫と知られる山に登る

初 級

標高	2052m
歩行時間	4時間45分
最大標高差	212m
体力度	★☆☆
技術度	★☆☆

櫛形山
くしがたやま

1/2.5万 地形図	夜叉神峠・小笠原・奈良田・鰍沢

登山適期とコースの魅力

1月	2月	3月	4月	5月	6月	7月	8月	9月	10月	11月	12月
積雪期		残雪	新緑		梅雨		夏山	秋山	紅葉	晩秋	積雪期

マイヅルソウ コニユリ クガイソウ タムラソウ
キリンソウ アヤメ ハンゴンソウ

展望 展望が自慢できる山ではないが、遠くに富士山や北岳を眺めることができる。
花 アヤメやエンレイソウ、マイヅルソウなどたくさんの花を観察することができる。
紅葉 例年の見頃は10月中旬〜11月中旬になる。それを過ぎると雪が降り始める。

春 カタクリなどの小さな花々が咲き始める。
夏 櫛形山を代表するアヤメは6月中旬頃に見頃を迎える。
秋 サラシナショウマやマルバダケブキは9月上旬頃が見頃。
冬 早い年は10月中旬から積雪期になることも。

林道終点駐車場。無料。20台程度駐車可

アクセス

中部横断自動車道 増穂IC → 県道413号線・丸山林道・池ノ茶屋林道 21km → 登山口駐車場 池ノ茶屋林道終点 → 4時間45分 → 登山口駐車場 池ノ茶屋林道終点 → 池ノ茶屋林道・丸山林道・県道413号線 21km → 中部横断自動車道 増穂IC

中部横断自動車道増穂ICで下りたら富士川大橋西の交差点を右折。あとは道なりに「櫛形山」の道標に従って走る。

丸山林道に入る手前から登り勾配が強くなるのでゆっくりと。氷川神社前で右折して道なりに走行する。次第に山道

を走るようになり、道幅も狭くなる。対向車とすれ違うときは徐行を心がける。終点が登山口駐車場。無料、20台

標高2052mの櫛形山山頂まで一気に登る

　登山口駐車場❶の脇に避難小屋が建っている。トイレを利用したら、ザックベルトや靴紐の緩みなどを確認して出発しよう。また、天候の悪いときはここの避難小屋で少し状況を確認してから、スタートするか下山するかを判断しよう。

　避難小屋前のから登山道が始まる。動物避けの金網の扉を開け、確実に閉めたことが確認できたら出発しよう。すぐに二つ目の扉がある。ここを抜ければ5分で稜線に乗る。乗った地点が**桜峠❷**だ。天気がよければ富士山が顔を出してくれる。すぐにジグザグの登りになる。歩き始めて間もなくなので、疲れた

①登山口からすぐに稜線に乗ることができる。②櫛形山山頂手前。天然カラマツの大木が誇らしげに立っている。③登山口から苦労なく登れる櫛形山山頂。④深い樹林が山域の特徴

ら立ち休みを繰り返そう。

　左にベンチが見えてきたら、そこで急登は終わる。その後は水平に近い道になる。晴天なら右側に富士山を眺めながら歩くことがで

⑤⑥

⑤裸山に向かう林のなかの道。⑥木道が敷かれたエリア。さまざまな種類の高山植物が簡単に観察できる

きるはずだ。水平歩行の終点近くに櫛形山の三角点が設置されている。その少し先が**櫛形山❸**の山頂になる。平坦で広い場所だが、休憩する必要がなければ先を急ごう。

軽く下りにかかると、明るい樹林帯に入る。パラボタン平を過ぎてさらに下ると、裸山・アヤメ平の道標に出合う。ここで左へ。明るい森のなかを水平歩行する。苔が目立つようになると朽ちた大木の多いエリアに入る。ルートははっきりしているが、枝にテープが巻かれた箇所もあるので、見落とさないように注意しよう。

高山植物の宝庫 アヤメ平へ向かう

パラボタン平❹西分岐で、道標に従い裸山方面へ進路を変える。カラマツの大木が印象的な場所だ。道なりに進もう。植生保護エリアに入るとロープが張られているので、ロープ内には入らないこと。金網が張られたエリアの先が裸山の入口になる。

この入口から裸山を周回することができる。どちらから登ってもいいが、反時計回りで登ってみよう。山腹にはお花畑が広がり、盛夏なら百花繚乱の状態が楽しめる。**裸山山頂❺**は狭いが、静かで休憩するにはいい。周回したら、森のなかを進んでアヤメ平に行ってみよう。

木道が敷かれたアヤメ平。ここに**避難小屋❻**が建ち、休憩用に利用する人が多いようだ。

園内にはたくさんの種類の高山植物が咲き、その華やかさに驚かされる。そのなかを散策することができる。木道歩きを存分に楽しんだら、アヤメ平の出口付近のテラスが休憩ポイントだが、狭いので譲り合いながら利用させてもらおう。

アヤメ平から 北岳展望デッキを目指す

アヤメ平を出ると斜面をアップダウンするようになるが、足元は土の部分が多く歩きやすいはず。**裸山のコル❼**まで下ってくると、道標に「冬の白峰展望台」とある。しかし、ルートが不明瞭なのでそのまま道なりに本道をジグザグに下る。目指すのはもみじ沢だが、危険な箇所はないので、スムーズに進むことができるはず。ただし、下っているということはどこかで必ず登る箇所が現れるということでもある。

もみじ沢❽には多くのベンチが配置されている。ここから一気に登ることになるので、少し休憩していこう。水分とエネルギー補給

高山植物が手軽に観察できるのが魅力

126

⑦北岳展望デッキから眺める北岳。時間の許す限り眺めていこう。⑧高山植物が木道ギリギリまで咲いている。木道から外れないこと。⑨道標がしっかりしたエリアでもある。⑩登山道脇に咲く高山植物。この自然はいつまでも守らなければいけない。⑪北岳展望デッキ辺りから右に柵が付けられた登山道になる

を忘れないように。

　もみじ沢から勾配の強い登山道を登る。木の階段登りから、ロープが張られた急坂を連続してクリアしていく。無理せずに立ち休みを繰り返していこう。トレッキングポールを利用する人はダブルで利用すれば、多少疲れが軽減されるはず。いずれにしても呼吸のリズムに合わせて登ることを考えよう。登り着いた箇所が休憩所下分岐。左上にベンチが置かれた**休憩所⑨**がある。ここでザックを下ろして休憩しよう。

　ひと休みしたら先に進む。休憩所手前で別れた道と合流すると平坦に近い道を進むことになる。目指すのは北岳展望デッキだ。

　25分ほどアップダウンの少ない道を歩けば**北岳展望デッキ⑩**に到着する。天気さえよければ正面に北岳が顔を出してくれるはず。屋根のあるベンチに座り、ゆっくりと国内で2番目に高い山と対話していこう。好天なら甲斐駒ヶ岳や鳳凰三山、夜叉神峠も眺められる。

　北岳展望デッキから整備された遊歩道のような道を進む。下り勾配だが気になるほどではない。赤石岳方面が見えたら、大きく曲がり駐車場に戻ることができる。十分にストレッチしてから帰路につこう。

林道終点登山口

ここが登山口と下山口になるが、避難小屋が建てられているので、スタート前とゴール後にここで休憩するといい。意外に訪れる人の少ない登山口のようなので、ゆっくりすることができるはず。

水場　ルート上に水場はない。そのため途中のコンビニ等で必要な物を揃えておくこと。

　トイレ　登山口、アヤメ平、北岳展望デッキの手前にある。

●問合せ先
富士川町産業振興課　☎0556-22-7202

30 山頂からの展望と登りやすさが人気の山

初・中級

棒ノ折山
ぼうのおれやま

標高	969m
歩行時間	4時間25分
最大標高差	717m
体力度	★★☆
技術度	★☆☆

1/2.5万地形図	原市場

登山適期とコースの魅力

1月	2月	3月	4月	5月	6月	7月	8月	9月	10月	11月	12月
積雪期			新緑		梅雨		夏山			紅葉	晩秋

ヤマザクラ
カタクリ
イワタバコ
コアジサイ
ボタンヅル
ジュウガツザクラ

展望 広い山頂からは武甲山や武尊山、谷川岳、筑波山、日光白根山などが見える。
花 意外に花の多い山で、春にはハナネコノメやアズマシライトソウ、ニリンソウなどが咲く。
紅葉 標高500mくらいからの紅葉がきれい。山頂付近は10月25日過ぎ〜11月中旬が見頃。

春 棒ノ折山山頂付近のサクラは4月20日過ぎくらいに見頃を迎える。
夏 盛夏は暑いが、白孔雀ノ滝付近は涼しい。
秋 空気が澄んで紅葉見物を兼ねての登山が楽しい。
冬 白孔雀ノ滝付近は凍結の可能性がある。

さわらびの湯にある駐車場。無料。40台

アクセス

圏央道狭山日高IC — 🚗 国道299号・県道70号・53号線 28km — 登山者用駐車場 ---- 🥾 4時間25分 ---- 登山者用駐車場 — 🚗 県道53号・70号線・国道299号 28km — 圏央道狭山日高IC

圏央道狭山日高ICから県道347号線を飯能方面へ。国道299号（飯能狭山バイパス）に入る。道なりに走行して

JR八高線を越えたら中山陸橋（西）の交差点を左折。西武線の線路を越えて東町の信号を右折。県道70号線を走行。

道なりに走る。途中から県道53号線になるが、そのまま走行して有間ダムの看板で左折して駐車場（無料）へ。

コースガイド 有間ダムまではバイクに注意

　さわらびの湯❶周辺にある登山者用の駐車場を利用する。クルマを停め、トイレとストレッチを済ませたら、車道を登り始める。名栗湖や有間ダムに向かう道だ。とくに有間ダムは二輪ライダーには知られた存在で、ツーリングに訪れる人が多いので、バイクに注意して歩こう。

　道標に導かれるようにして湖畔を歩く。ゲートを二つ過ぎて白谷橋を渡ると、左手に**登山口❷**が見えてくる。バックパックと靴紐の状態を確認し、水分補給を済ませたら、登山道に入ろう。

　木漏れ日が心地いい道だ。小さな岩場を越

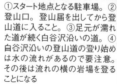

1 2
3 4

①スタート地点となる駐車場。②登山口。登山届を出してから登山道に入ること。③足元が濡れた道が続く白谷沢沿いの道。④白谷沢沿いの登山道の登り始めは水の流れがあるので要注意。その後は流れの横の岩場を登ることになる

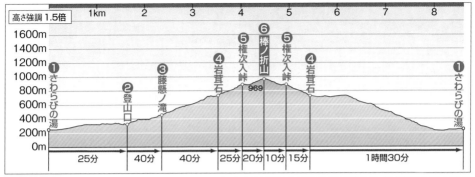

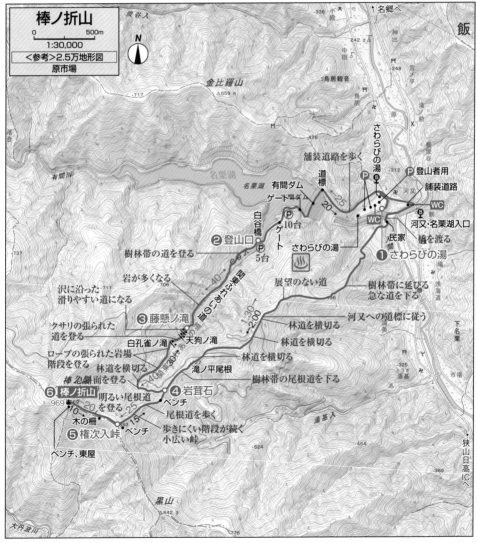

棒ノ折山

❶さわらびの湯
❷登山口
❸藤懸ノ滝
❹岩茸石
❺権次入峠
❻棒ノ折山
969

❻棒ノ折山
969
木の柵
❺権次入峠
ベンチ、東屋

明るい尾根道を登る
ベンチ
尾根道を歩く
歩きにくい階段が続く
小広い峠

急斜面を登る
樹林帯の尾根道を下る
滝ノ平尾根
林道を横切る
林道を横切る
林道を横切る
河又への道標に従う

ロープの張られた岩場
階段を登る
白孔雀ノ滝
天狗ノ滝
クサリの張られた
道を登る
❸藤懸ノ滝
沢に沿った
滑りやすい道になる
岩が多くなる

❷登山口
樹林帯の道を登る
白谷橋
ゲート
P 5台
P 10台
ゲート
有間ダム
道標
舗装道路を歩く

さわらびの湯
展望のない道
樹林帯に延びる
急な道を下る

❶さわらびの湯
民家
WC
登山者用
舗装道路
WC
橋を渡る
河又・名栗湖入口

名栗湖
名栗湖

金比羅山
△659.6

飯

狭山日高ICへ

棒ノ折山
0　　　500m
1:30,000
<参考>2.5万地形図
原市場

N

129

⑤濡れた岩の上を登る。左のクサリをしっかり持って無理をせず、自分のペースを守って進もう。⑥流れを離れると勾配の強い岩場を登ることになる。左のクサリをガイド代わりに頑張ろう。⑦ここを頑張れば白谷沢の登りが終了する。⑧白谷沢を登りきると林道に出る。急斜面を登れば稜線。⑨樹林帯の狭い道を登って岩茸石へ。⑨特徴的な岩茸石

えて樹林帯を登る。この道は「関東ふれあいの道」に選定されているため、さほど荒れていない。きれいな樹林帯を登っていくと、白谷沢登山口方向を示す道標があり、これを過ぎると岩が多くなる。さしたる苦労もなく岩を越えると、石が堆積した道になる。木の根も絡んだ箇所もある、ちょっと面倒な道だが、ゆっくり進めば危険はない。

　ここを過ぎると白谷沢に入っていく。目の前に現れたのが**藤懸ノ滝❸**。この滝の右側を登り、上部で流れを渡って沢沿いに登っていく。道標に進んではいけない方向には×印が付けられているので、指示に従って歩けばいい。

　石が堆積した箇所で、大きく右に曲がりながら登る。流れを飛び石伝いに越えるところもあるが、どれも危険はない。足を置く石が

濡れている場合は、流れのなかに靴を入れたほうが滑りにくい。

涼しい風が心地いい
白谷沢をさかのぼる

　石段の登りになると、白谷沢の核心部分を歩くことになる。大岩の間を抜け、流れに逆らうようにして登る。手摺り代わりの長いクサリが張られた岩場では、軽く持って登るようにしよう。この登りの終点が白孔雀ノ滝だ。クジャクが羽を広げたような形に水が流れ落ちている。この先で再び登山道に出ることになる。

　白孔雀ノ滝上部の登山道は林道で、ここから樹林帯の斜面を急登することになる。ゆっくり登ることを心がけよう。たどり着いた場所が**岩茸石❹**という大きな石があるところ。ここで右に進路をとる。木の根が露出したところを通過し、土の流失止めを兼ねた丸太の階段を登ると**権次入峠❺**に到着する。奥多摩の岩茸石山からの登山道が合流する場所だ。

💧 **水場**　水に恵まれたコースを歩くが、水場はない。白谷沢で給水する人を見かけるが、これはNG。飲むなら煮沸する必要がある。

🚻 **トイレ**　登山口のさわらびの湯にあるが山中にないので、心配な人は携帯トイレを持参しよう。

● **問合せ先**
飯能市役所観光・エコツーリズム課 ☎042-973-2124
さわらびの湯 ☎042-979-1212

ここで少し休憩する。

　ここから直線的に延びる広い尾根道を登れば**棒ノ折山山頂⑥**だが、植生保護のため指示に従うようにしよう。

⑪棒ノ折山山頂。奥武蔵や外秩父、榛名山、赤城山などが見えている。狭いが東屋もあるのでゆっくりできるはず。⑫棒ノ折山山頂手前の開けた道。⑬棒ノ折山山頂の東屋。ここでランチを食べながら休憩できればいいが、休日には混雑する山頂だ。譲り合いながら上手に利用しよう

厳しい下りが待つ区間も

　山頂は広く、開放感にあふれている。東屋があり、ベンチなども充実しているので、気に入った場所で休憩しよう。展望にも優れているので、カメラは必携。展望と山頂の雰囲気を堪能したら、下山にかかろう。

　直線的な道を下って**権次入峠⑤**へ。ここで左方面へ進んで**岩茸石④**まで戻る。この大岩から左へ下るのは登りで詰めてきた道。下山はこの大岩の左脇を抜ける。すぐに樹林帯に入り、いったん林道まで下る。横断して山道を登り返した後は尾根道を歩く。

　棒ノ峰ハイキングコースの看板が立つ先が開けている。ラジコン飛行機の滑空場所のようだ。運がいいと大空を舞うラジコン機の姿を見物することができる。

　この先で再び林道を横切る。河又（さわらびの湯）の道標に従って歩けば大丈夫だ。気持ちのいい尾根歩きを楽しんだ先で、美しい林が広がる急斜面を、木に巻かれたテープを頼りに下る。木の根が露出したところでは、

木の根に足を引っ掛けないように注意しよう。

　林を下ったら再び尾根道を歩く。少し勾配が落ち着いてくると左下に道路が見え、すぐに民家の前に出る。ここで小さな橋を渡り、道標に従って道なりに進めば、今朝出発した駐車場に戻れる。

藤懸ノ滝～白孔雀ノ滝

　紹介コースに登場する藤懸ノ滝から白孔雀ノ滝は、沢に沿った岩場をアップダウンすることになる。特別に危険な箇所はないが、足元が濡れていることがあるので注意が必要。最も大切なのは先行する人との距離を保ち、追い抜いたりしないことが安全登山に繋がる。もし、後続の人に追い付かれたら、安全な場所で譲るようにしよう。

131

31 奥武蔵で最も人気のある山に登る

初・中級

いずがたけ
伊豆ヶ岳

標高	851m
歩行時間	4時間
最大標高差	561m
体力度	★☆☆
技術度	★☆☆

1/2.5万地形図	正丸峠

登山適期とコースの魅力

1月	2月	3月	4月	5月	6月	7月	8月	9月	10月	11月	12月
積雪期	残雪		新緑		梅雨		夏山		秋山	紅葉	晩秋

フクジュソウ　　　　　アカシオ　　マツカゼソウ　　ヒメキンミズヒキ
マンクサ　　　　　　　　ミツバツツジ　　　　　リョウブ

展望　伊豆ヶ岳山頂からは奥武蔵や奥多摩方面方面の山が展望できる。
花　春になるとヤマツツジやミツマタ、レンギョウなどの花を楽しむことができる。
紅葉　伊豆ヶ岳の紅葉は美しく、多くの登山者が訪れる。11月中旬〜25日くらいが最もいい。

春　春のさわやかな風に誘われ、多くの登山者が訪れる季節。足元の小さな草花がきれいだ。
夏　盛夏には避けたい山だが、休みを利用して男坂に挑戦する人が増える。
秋　地元の人には紅葉スポットとして知られる。
冬　男坂を利用しなければ登ることができる。

正丸駅前のコインパーキング。10台

アクセス

圏央道狭山日高IC ─ 県道347号線・国道299号 30km ─ 正丸駅前駐車場 ⋯⋯  4時間 ⋯⋯ 正丸駅前駐車場 ─ 国道299号・県道347号線 30km ─ 圏央道狭山日高IC

圏央道狭山日高ICから県道347号線を飯能方面へ走行して国道299号線（飯能狭山バイパス）に入り、道なりに走

る。高麗駅を過ぎると高麗川沿いを走るようになるが、休日には混雑することが多いので、早出を心がけたい。西吾

野駅を過ぎたら次の正丸駅に入り、駅舎前のコインパーキングを利用する。30台程度駐車可能。有料。

コースガイド

 滑りやすい足元に注意しながら

　正丸駅❶前の駐車場を利用する。駅舎を背にして右手の階段を下りるところからコースは始まる。西武線の線路をくぐり、民家が点在する道を進む。安産地蔵尊を過ぎると、少しずつ登り勾配になる。**正丸峠分岐❷**で峠に向けて直進する道を分け、左手の沢沿いの道に入る。ほどなく、斜面を登るようになる。ロープの張られた箇所もあり、足元は滑りやすい。時間も距離もさほどではないから、安全な場所で立ち休みを繰り返しながら登っていこう。

　かなりきつい勾配がゆるんでくると、先ほど正丸峠分岐で見送った正丸峠からの道が右

①金の胎内仏を持っているとして、古くから霊験あらたかな仏として信仰を集めている安産地蔵尊。②舗装された道を歩いて登山口へ向かう。③夏でも意外に涼しい樹林帯を登る。④正丸峠分岐から正丸峠に向かう途中にあるお申請の祠

から合流してくる。**長岩峠❹**だ。ここを左に進むと丸太の階段を登るようになる。登り着いたところは**五輪山❺**の山頂。フラットで小さな広場といった印象のところで、いわゆる

133

⑤ふたご岩先のかめ岩。⑥長岩峠手前の大蔵山。看板がないと気が付きにくい。⑦男坂のクサリ場上部から眺める二子山。乾燥した日なら、さらに展望は広がる。⑧正面の小高いところが伊豆ヶ岳山頂。⑨標高851mの伊豆ヶ岳山頂。山頂付近が絶好の休憩場所になる。時間の許す限りのんびりしよう

山頂らしさには乏しい。ここから大きく下ると、男坂と中間道（女坂）との分岐点に出る。

伊豆ヶ岳のシンボル
男坂登りは慎重に

正面にそびえたつ男坂は40mほどの岩場だが、見上げるとかなり迫力がある。一枚岩にクサリが張られているが、ここを登るのはすべて自己責任。見上げただけで怖気づいたなら、男坂を登るのは避け、迷わず右手の中間道（女坂）経由で登ることにしよう。樹林帯を登り詰めると**伊豆ヶ岳山頂⑥**に出る。なお、男坂を登りきれば山頂に立てるが、ここを下るのは禁止されているので注意しよう。

男坂を登る際には、取り付く前にシミュレーションすること。できるだけクサリに頼らずに登りたい。もっとも左に張られたクサリに取り付き、左に大きく曲がる先でクサリから離れる。その後は岩の割れ目や出っ張りを利用し、樹林帯の道にたどり着けば、女坂からの道と合流する。その一段上が山頂だ。

伊豆ヶ岳山頂は細長く延びている。ここからは奥武蔵の山々をはじめ、奥多摩、丹沢、日光連山、浅間山など意外なほど遠くの山並みまで見渡せて、気分爽快になれる。空気の澄んだ、天気のいい日がねらい目だ。休憩には山頂の一段下に広がる、男坂を登り詰めたところの小さな広場がおすすめ。弁当を広げて、ゆっくりするのもいいだろう。また、昼食は正丸峠まで我慢して、峠の奥村茶屋でうどんや名物のジンギスカンに舌鼓を打つのも伊豆ヶ岳登山のご褒美として、強く思い出に残るだろう。

正丸峠で
老舗の味に舌鼓

下山は**五輪山⑤**のピークを越えて、まず**長岩峠④**まで戻る。ここで、登ってきた大蔵山コースを右に見送り、直進して正丸峠を目指す。正丸峠まで、小さなアップダウンはあるが、大蔵山コースのような緊張を強いられる急勾配の下りもない、歩きやすい道が続くの

13

10 14

11

12

⑩長岩峠から正丸峠に向かう気持ちのいい道。⑪伊豆ヶ岳山頂部の休憩ポイント。ここでランチを広げる人が多い。とくに人数の多いグループには都合のいい場所。⑫伊豆ヶエリアは樹木がよく手入れされ、日差しがよく明るいことが特徴。⑬正丸峠に建つ奥村茶屋。創業80年を越す老舗だ。また、天気のいい日にはたくさんの二輪ライダーも訪れている。⑭正丸峠から少し長い階段を下る。足元に注意しよう

で、のんびり歩ける。長岩峠から25分ほども歩けば、正丸峠❼に着く。ここにある奥村茶屋は、ライダーたちのオアシス的な存在として、古くから知られた店。ここで一服し、好みの味を口にすれば、山歩きで疲れた体に染み渡るはずだ。

茶屋から長い階段を下りていく。樹林帯のなかに造られた階段だが、意外なほどの長さに驚く。夕暮が迫っていると、ついあわててしまいがちになるが、焦りは禁物。つまずいたり、踏み外したりしないように注意しながら慎重に下っていく。男坂の難所をクリアできる経験者でも、気を抜くとこうした何気ないところで事故を起こしてしまうこともあるので、早く家路につきたいのはやまやまでも、目の前の歩きに集中しよう。

いつしかさしもの長い階段も尽きて、下り勾配の舗装路になる。そこからは、ほどなく今朝進路を左にとった正丸峠分岐❷に出る。

この分岐からは朝歩いた道を、道なりに戻るばかりだ。山の日暮れは思いのほか早く、

とくに樹林帯に囲まれた階段道は日が暮れると危険を伴うので、奥村茶屋で油を売りすぎることなく、早め早めの行動を心がけたい。

男坂の岩場登り

伊豆ヶ岳には有名な男坂という岩場がある。これはオプションルートなので、一般登山者は中間道と名付けられた道を歩くほうがいい。この男坂は大きな岩に張られたクサリ場を登ることになる。多少の岩登りや岩場歩きの経験があれば問題はないが、いったん取り付くと下ることが難しいので、岩場経験のある人と登るようにしよう。

💧 **水場**　コース上に水場はない。事前に用意するか、正丸駅近くでペットボトルを購入する。

🚻 **トイレ**　正丸駅を利用する。それ以外にはないので要注意。

●問合せ先
飯能市役所観光・エコツーリズム課　☎042-973-2124
奥村茶屋（正丸峠）　☎042-978-8025

32 群馬県との県境に近い秩父の名峰

中級

標高	1723m
歩行時間	6時間20分
最大標高差	1049m
体力度	★★☆
技術度	★★☆

りょうかみさん
両神山

1/2.5万地形図	両神山・長又

登山適期とコースの魅力

1月	2月	3月	4月	5月	6月	7月	8月	9月	10月	11月	12月
積雪期	残雪		新緑		梅雨	夏山		秋山		紅葉 晩秋	積雪期

オドリコソウ　　　　オドリコソウ　　フイレフモトスミレ　　　ヤマホタルブクロ
セツブンソウ　　　　　ラショウモンカズラ　　　アジサイ　サルスベリ

展望　山頂からの展望は雄大で、湿度の低い晴天日なら北アルプスや八ヶ岳が見える。
花　春になるとアカヤシオやミツバツツジが咲き、4月中旬過ぎにはニリンソウも観られる。
紅葉　例年10月中旬〜11月上旬頃。岩稜を染める錦色の紅葉が美しく人気がある。

🌸 登山適期は4月上旬から。様々な植物の芽吹きを見ながら歩くことができる。
☀ 盛夏には避けたい山だが、休みを利用して遠方から多くの人が訪れる。
🍁 錦色に染まる断崖の凄みに惹きつけられる。
❄ 上級者向きの山になる。

両神山荘の前から登山道がスタートする

アクセス

関越自動車道 花園IC ─ 国道140号・299号 50km ─ 両神山荘15台・有料 ─ 6時間20分 ─ 両神山荘15台・有料 ─ 国道299号・140号 50km ─ 関越自動車道 花園IC

関越自動車道花園ICを利用。ICを出たら左へ。秩父・寄居の道標に従い国道140号へ。そのまま皆野寄居バイパスか

ら皆野寄居有料道路を走り、秩父市街の上野町交差点で右折して国道299号を小鹿野方面へ。黒海土バイパス前の信

号で左折して道なりに進み、両神山の標識で右折。道なりで両神山荘に到着。ここに駐車する。15台、有料。

🥾 コースガイド 鳥居をくぐって登山道に取り付く

①登山口に建つ民宿の両神山荘。前泊すれば翌日は時間がフルに使える。②山頂手前の岩場。クサリを軽く持って進む。③七滝沢コースとの分岐。ここは左の道を選択。④各所に小さな流れがあるが、木橋が架けられていることが多い

　両神山荘前が登山口になる。細い登山道に入る。木漏れ日が心地いい道だ。木々の間から見える周囲の山はどこも深く、深山に挑戦しているという雰囲気が味わえる。登山道は斜面を削って造られたもので幅は狭い。滑落注意の看板が立つ箇所もあるので、注意しながら歩くことを心がけよう。600mほど進むといったん道は下りになり、小さな沢を渡るようになる。流れは少ないので靴が濡れてしまうほどではない。

　ここから登り返していくと小さな岩を乗り越える。短いクサリが張られているが、頼らなくてもクリアできる。その後も細い道を進

む。樹林帯を下るようになると分岐に出る。ここが**会所②**といわれる場所で、七滝沢コースとの分岐になる。七滝沢コースは崩落で通行止めなので、ここには入らず直進して清滝

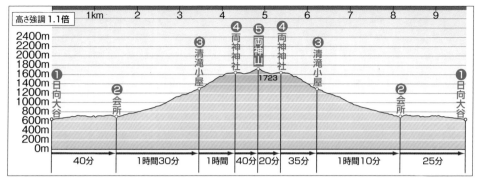

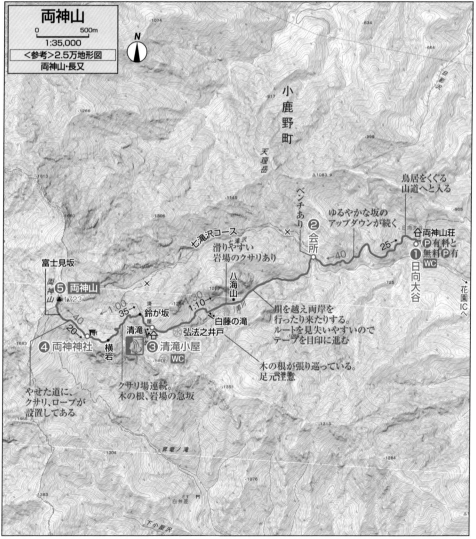

両神山

0　　　　500m
1:35,000
<参考>2.5万地形図
両神山・長又

小鹿野町

天理岳

鳥居をくぐる
山道へと入る

両神山荘
P有料と
無料P有
WC

❶日向大谷

花園ICへ

ベンチあり

❷会所

ゆるやかな坂の
アップダウンが続く

25

40

❶日向大谷

七滝沢コース
滑りやすい
岩場のクサリあり

富士見坂

両
神
山

❺両神山
1723

-1:00-
35 鈴が坂

八海山

川を越え両岸を
行ったり来たりする。
ルートを見失いやすいので
テープを目印に進む

白藤の滝

弘法之井戸

-1:30-
1:10

❹両神神社

20

40

横岩

清滝

谷

❸清滝小屋
WC

木の根が張り巡っている。
足元注意

やせた道に、
クサリ、ロープが
設置してある

クサリ場連続、
木の根、岩場の急坂

137

8

6

7

5

9

⑤登山道が延びる森は豊かで大木も多く、生命の力を感じることができるはずだ。⑥日差しが心地いい樹林帯が続く。⑦貴重な水が湧く弘法之井戸。下山時にもボトルに詰めていこう。⑧避難小屋として利用できる清滝小屋。日帰りでも宿泊でも利用時、ゴミは持って帰ること。忘れ物にも要注意。⑨清滝小屋の炊事施設。きれいに使うように注意しよう

小屋・両神山への道標に従う。左下の沢沿いにベンチがあるので少し休憩していくのもいい。

沢沿いの道には
岩場があるので慎重に

会所から沢沿いの道を進む。ルートが不明瞭な箇所があるが、連日多くの人が歩く道なので問題はないはず。わかりづらい箇所には枝にピンクテープが巻かれている。丸太がそのまま使われた木橋もあるが危険はない。勾配が増してくるので、息が上がらない速度でクリアすることに専念しよう。岩場を登る箇所では、後続者がいても特にゆっくり登ることを心がけよう。

沢沿いの道から樹林帯に入る。勾配は変わらず、ダラダラと登っている。大きな岩の下に石碑が建つ地点が八海山だ。岩の多い樹林帯を登るようになる。途中に短いクサリがあるが問題はない。

白藤の滝に向かう小さな分岐を過ぎると、岩混じりの道から土の道になる。道幅が少し狭くなると弘法之井戸に到着。ここで山の恵みを味わうのもいい。ここからひと息で大きな**清滝小屋❸**に着く。もとは営業小屋だったが避難小屋として開放されている。ここで休憩しよう。山頂まで持っていく必要のない物は、グループでまとめて置いていこう。トイレも併設されている。

急勾配の斜面を克服して
両神山山頂へ

清滝小屋の裏手から斜面に取り付く。最初はゆったりした登りで鈴が坂に着く。会所で分岐した道がここで合流。ここから勾配の強い登りになる。木の根が露出した箇所を登り、広い斜面を急登すると山頂まで1.4kmの道標に出合う。少し進むと岩場をクリアすることになるが、張られた短いクサリに頼らなくても登ることができるはずだ。

正面に鉄製の階段が見えてくる。崩落跡に設置された物だが、無理することなくクリア

⑩山頂からの展望。南八ヶ岳、北八ヶ岳、北アルプスなどが眺められる。⑪両神神社。静かな山の神社という風情だ。⑫両神山山頂へ向かう核心部分。木道の左は切れ落ちているので慎重に。⑬両神山山頂の斜面。写真右が最も高い部分。⑭両神山山頂。小さな祠の右上が両神山の山頂になる

できる。横岩の脇を抜け、木の根が露出した斜面を登れば**両神神社④**に到着する。静かな山のなかに佇む神社という風情が漂う。下山時にここでゆっくりするのもいい。

　両神神社からゆるやかな勾配の道を進む。それまでの道よりも歩きやすいと思っていると眼前に大きな岩が現れる。ロープを頼りに登ると小さな台地に乗る。ベンチが置かれた場所だ。ここで進路を右に取る。岩場を越え、細い岩尾根から短い木橋を渡る。その先の岩場を登った地点が**両神山山頂⑤**だ。

　山頂は狭いが展望は抜群で八ヶ岳や南・北アルプスが眼前に広がる。心ゆくまで展望の広さを味わおう。山頂一帯はシーズンになると渋滞するくらい混雑するため、ランチを広げるスペースが取れないことも多い。そうしたときは、両神神社でお弁当を広げよう。

　下山は往路を着実に戻れば問題はない。**清滝小屋❸**で置いてきた荷物をピックアップすることを忘れずに。下山路は午後になると混むので前を歩く人との距離を保つこと。

山頂手前が最も緊張する

両神神社を過ぎるとロープやクサリが連続して現れる。しかし、どれも難しいことはなく、軽く手に持って進むようにすればいい。山頂手前にベンチが1基置かれた場所がある。登山道が混んでいるようなら、ここでタイミングを計ろう。この先で細いヤセ尾根に入る。すれ違いが難しい箇所だ。ここをクリアすれば山頂下に着く。

水場　コース上には弘法之井戸と清滝小屋にあるが、必要な量は事前に用意して持っていくようにしたい。

 トイレ　登山口と避難小屋の清滝小屋にある。清滝小屋は荒天時にはありがたい存在。

●問合せ先
小鹿野町まちづくり観光課 ☎0494-75-5060
両神山荘 ☎0494-79-0593

33 露岩が混じる展望のいいやせ尾根を辿る　中級

ちちぶ おんたけさん
秩父御岳山

標高	1080m
歩行時間	5時間30分
最大標高差	762m
体力度	★★☆
技術度	★★☆

1/2.5万地形図	三峰

登山適期とコースの魅力

1月	2月	3月	4月	5月	6月	7月	8月	9月	10月	11月	12月
積雪期	残雪		新緑		梅雨		夏山		秋山	紅葉	晩秋

タチツボスミレ　　アズマイチゲ　　ラショウモンカズラ
ハナネコノメ　　　カタクリ　　　サラサドウダン

展望 静かな山頂には釣鐘があり、秩父、奥武蔵方面の山々が展望できる。
花 ミツマタやフクジュソウ、アズマイチゲなどのほかスミレなどの小さな花が足元を染める。
紅葉 アクセスに少し難があるが、11月中旬過ぎの紅葉は見事。青空とのコントラストがいい。

🌸 最もおすすめしたい季節。4月の中旬頃の緑は眼に染みるようだ。
🌞 盛夏は暑くあまり登山向きではない。
🍁 晩秋頃に登ると雪化粧の浅間山が見える。
❄ 積雪がなければ登山可能。

三峰口駅。ここにクルマを駐車する

アクセス

関越自動車道 花園IC — 国道140号 68km — 三峰口駅駐車場 — 5時間30分 — 三峰口駅駐車場 — 国道140号 68km — 関越自動車道 花園IC

関越自動車道花園ICから国道140号を秩父方面へ走行する。皆野寄居有料道路を走って秩父市街へ。そのまま走行して、

秩父鉄道の三峰口駅を目指す。三峰口駅に有料駐車場（1日530円。駐車10台程度可能）がある。周辺に小さな有料駐

車場があるが、三峰口駅の有料駐車場が満車になることは滅多にないようだ。

コースガイド

登山口では案山子がお出迎え

　三峰口駅❶周辺の駐車場を利用し、そこからそのまま直進して白川橋を渡り、国道140号線を秩父・長瀞方面へ歩き始める。しばらく歩くと陸橋が見えてくる。ここを渡って左へ進む。すぐに登山口で登山者用のトイレがある。トイレの前に座っているのは案山子。この辺りは案山子の町として有名らしい。

　矢印に従って進むと正面に畑が広がる。ここにもいくつかの案山子が置かれている。ここに「**御岳山登山口❷**」の看板が立てられている。これに従って民家の脇から山道に入る。

　古い墓石が立つところを抜けて、えぐれた登山道を登る。ここを抜けると、明るい道に

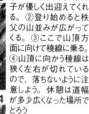

①ここが登山口。案山子が優しく出迎えてくれる。②登り始めると秩父の山並みが広がってくる。③ここで山頂方面に向けて稜線に乗る。④山頂に向かう稜線は狭く左右が切れているので、落ちないように注意しよう。休憩は道幅が多少広くなった場所でとろう

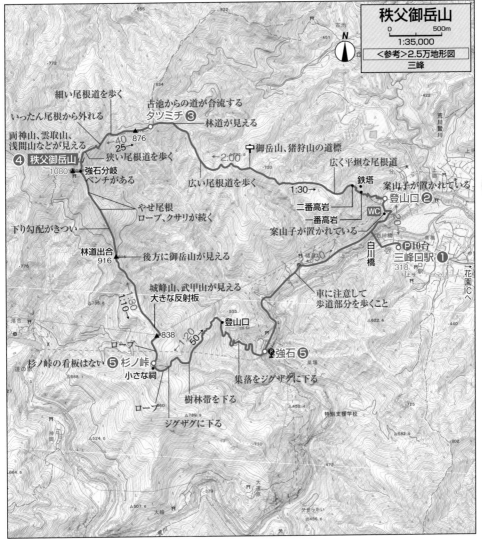

秩父御岳山

0　　　　500m
1:35,000
<参考>2.5万地形図
三峰

細い尾根道を歩く
いったん尾根から外れる
古池からの道が合流する
タツミチ ❸
林道が見える
両神山、雲取山、
浅間山などが見える
御岳山、猪狩山の道標
❹ 秩父御岳山
狭い尾根道を歩く
広く平坦な尾根道
1080
強石分岐
ベンチがある
鉄塔
案山子が置かれている
登山口 ❷
やせ尾根
ロープ、クサリが続く
広い尾根道を歩く
二番高岩
一番高岩
下り勾配がきつい
案山子が置かれている
WC
林道出合
916
後方に御岳山が見える
白川橋
P 10台
三峰口駅 ❶
318

城峰山、武甲山が見える
大きな反射板
車に注意して
歩道部分を歩くこと
花園ICへ

ロープ
838
登山口
杉ノ峠の看板はない ❺ 杉ノ峠
小さな祠
集落をジグザグに下る
強石 ❺

樹林帯を下る
ロープ
ジグザグに下る
特別支援学校

141

⑤秩父御岳山の山頂から眺める両神山。山頂一帯の岩の凸凹が見えている。⑥秩父御岳山の山頂。威厳のある普寛神社奥宮が鎮座する。釣鐘を叩く登山者も多い。⑦強石・大滝に下る分岐。広いので少し休憩していこう。⑧ロープを片手に持って下る。⑨林道出合に向けての下り。クサリを片手に持って歩くこと

なり、猪狩山方面の尾根が見える。一番高岩を過ぎると、その先に鉄塔が建っている。麓の集落が眺められる場所だ。

さらに高度を上げる。ピンクテープに先導されるように登る。トラロープが張られた箇所があるが、頼らずにクリアできる。二番高岩から麓の展望を楽しんだ後、登山道に戻る。

木の幹に付けられた道標に導かれるようにして進む。軽くアップダウンする道だが、比較的単調な歩きが続く。樹林帯の木々は行儀よくまっすぐ天に向かっている。きれいな森だ。少しずつ登り勾配がきつくなってくるが、なかなかタツミチには到着しない。そうした登山者の気持ちを察したかのように、たびたび道標が現れるようになる。何度も肩透かしを食った後、右上に尾根が見えてくればタツミチにようやく近づく。前方が明るくなればそこが**タツミチ❸**で、猪狩山からの尾根道が合流する。木の根が張り出した道をひと登りして尾根に乗る。ここを左へ。右は猪狩山につながる尾根だ。

転落に注意して
慎重に歩く

岩が露出した狭い尾根道を進む。転ぶと左右いずれかに転落する可能性もあるので、ゆっくり歩く。少し広い尾根道になっても慎重に歩くことだけに集中しよう。

途中でいったん尾根道を外れて斜面を登る。少しきつい登りだ。再び尾根に乗ると、木の根と岩が絡む道になる。右上に祠が見えてくると、ベンチが1台置かれた分岐に着く。ここを右に登れば**秩父御岳山❹**だ。

山頂には小さな祠が建ち、かわいい釣鐘が下げられている。この祠の裏手から両神山や秩父、奥武蔵方面の山が展望できる。遠く浅間山も見える。展望にも日当たりにも恵まれた山頂で、とても気持ちがいい。

山頂から一段下の分岐まで下る。ここから強石・落合の道標に従って下っていく。細い尾根道だ。しばらく下ると、右にロープが張られた道になり、やがて両側にロープが現れ

⑩反射板のある展望地からの眺め。眼下にもみじ湖と滝沢ダム、正面に十文字山と白泰山が見えている。⑪下山途中の樹林帯で木の根元に祀られた神様を発見。⑫この小さな広場から強石バス停に下る。⑬大きな反射板が建つ展望地。奥秩父山系の山々が展望できる。⑭鉄塔下の分岐。強石・落合の道標に従う。⑮反射板が建つ展望地から眺める秩父御岳山。尖った山頂が印象的だ

る。軽く下って登る動作を繰り返す。

　ロープがクサリに変わると足元は岩場になる。一気に下るのではなく、適当に休憩を取ろう。道幅が広がると林道出合に下り立つ。

　さらに樹林帯を下る。まっすぐに伸びる樹木が印象的だ。ピンクテープの指示に従って、右に左に方向を変えながら進む。目の前に大きな反射板が現れると、そこの樹木が伐採されて展望が開ける。眼下に秩父湖が広がり、後方には秩父御岳山の尖った頂が見える。

　ここでちょっと長めに休憩した後、杉ノ峠の道標に従う。ロープが張られた道を下る。**杉ノ峠⑤**ではかたわらの大木の下に小さな祠

が祀られている。ここから強石の道標に従って、さらに樹林帯を下る。

　途中に分岐点はないが、道標に従う。樹林が薄くなり日差しが強くなる。下りの勾配がきつくなると登山口はすぐ。山道の注意点が書かれた看板が立っている。

　ここから林道を下るとすぐに舗装された道に出る。山里に広がるのどかな集落を抜けると正面に国道140号が見えてくる。国道に出て、強石バス停から三峰口駅に戻る。

案山子のお出迎え

三峰口駅を出て登山口までの間にたくさんの案山子が置かれている。まるで登山者を導いてくれるようだ。表情も様々で見ていると思わず微笑んでしまう案山子も少なくない。このエリアは昔から「かかしの里」として知られているようだ。

💧 **水場**　山中に水場はないので、アクセス途中のコンビニなどで購入しておこう。さらに歩行時間が長いので、少し余分に用意すること。
🚻 **トイレ**　三峰口駅と登山口にある。
TOILET

●問合せ先
秩父市大滝総合支所 ☎0494-55-0101
秩父鉄道三峰口駅 ☎0494-54-0020

34 アルピニスト憧れの山に登る

中級

標高	1977m
歩行時間	6時間55分
最大標高差	1227m
体力度	★★☆
技術度	★★☆

たにがわだけ

谷川岳

1/2.5万地形図	茂倉岳・水上

登山適期とコースの魅力

1月	2月	3月	4月	5月	6月	7月	8月	9月	10月	11月	12月
積雪期			残雪	新緑	梅雨	夏山		秋山	紅葉	晩秋	積雪期

シラネアオイ　ニッコウキスゲ　ハクサンフウロ
イワイチョウ　ハクサンチドリ　ミヤマシャジン

展望　谷川岳山頂のオキの耳もトマの耳も展望はよく、そこを結ぶ稜線も展望がいい。
花　谷川岳は高山帯に属するため、高山植物は豊富。そのため盛夏の登山がおすすめ。
紅葉　谷川岳の紅葉は例年10月上旬〜10月中旬と期間は短い。

春　谷川岳の本格的な春は5〜6月になる。フキノトウやカタクリなどが咲き始める。
夏　晴天日なら絶好の登山びよりとなる。
秋　紅葉の時期に登るのがベストだが、寒さ対策は完璧にしたい。
冬　エキスパート以外は太刀打ちできない。

登山口近くの谷川岳登山指導センター

アクセス

| 関越自動車道水上IC | → | 国道291号・県道70号・53号線 28km | → | 土合口駐車場 | ⋯ | 6時間55分 | ⋯ | 天神峠 | → | 土合口駐車場 | → | 県道53号・70号線・国道291号 28km | → | 関越自動車道水上IC |

関越自動車道水上ICから国道291号を湯檜曽方面へ走行。JR上越線に沿って走ると湯檜曽駅辺りから線路を離れ、湯檜曽川沿いを走るようになる。土合駅を過ぎると左に谷川岳で命を落としたクライマーたちの名前が刻まれた碑がある。その先が谷川岳ロープウェイ乗場のある土合口。ここに駐車場がある。平日500円。駐車台数1100台。

国内有数の急坂を登って山頂を目指す

谷川岳に登る一般ルートは天神尾根だが、経験者なら違うルートから山頂を目指してみよう。選択するのは西黒尾根。勾配の強さでは国内屈指ともいわれるが、登りに利用する場合は危険箇所が少ない。下山時に天神尾根を使えば、バリエーションのある山歩きが楽しめるはずだ。ただし、全体的には中級者向きの山歩きになる。

谷川岳ベースプラザ❶から登山指導センター方向へ向かう。舗装された道だ。休憩所のある登山指導センター前を通っていくと西黒尾根登山口に着く。谷川岳まで3.7kmの道標が立っているのですぐにわかる。ここから登

西黒尾根の岩場。クサリが張られている箇所も多く、それほど苦労することはない

左：広がりのある西黒尾根。アップダウンとロケーションに富んだ中級者向けの道。右：両手両足を駆使して登る

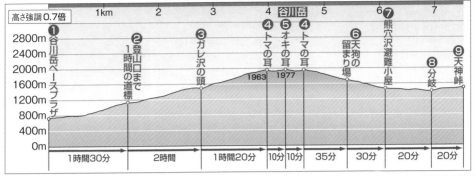

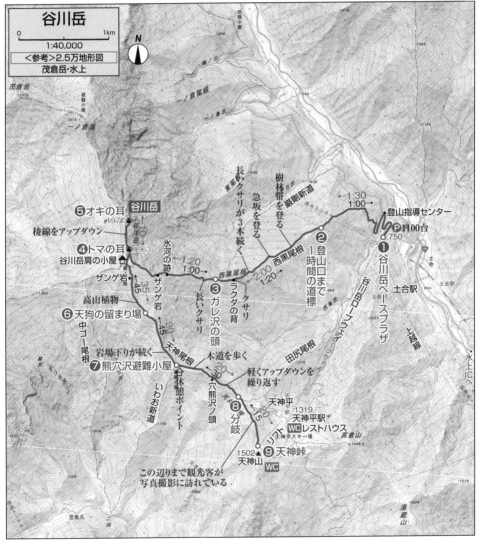

①西黒尾根と比べて登り、下りともに難度が低い天神尾根。②谷川岳山頂オキの耳。③山頂直下に建つ谷川岳肩の小屋。④天神尾根のザンゲ岩。同じ名称の岩が西黒尾根にもある。⑤天神尾根は西黒尾根と比べて登山道は広く穏やかだ。西黒尾根の緊張する岩場歩きの後なので、気持ち的には楽だが、下山口まで気を抜かないこと

山道に入る。

大小の岩が転がる登山口。すぐに鉄塔の下を通り樹林帯を登り始める。雨が降ったら、沢になってしまいそうな細い道だ。

最初から登り勾配の強い道だ。焦らずに自分のペースを守って頑張ろう。樹林帯を抜けるとクサリが張られた岩場に出る。手をかける場所や足を置く出っ張りはいくつもあるので、確認しながら登る。長さは20mほど。ここを登り終えると、斜面の細い道をアップダウンするようになる。

立ち枯れした樹木の先で岩場を下る。クサリが張られているので、簡単に歩くことができる。

大きく稜線をアップダウンするとラクダの背に到着。尾根道を軽く登って、下った地点がラクダのコル。巌剛新道と西黒尾根が合流する地点だ。

さらに進んで、長いクサリ場に入る。焦らずにゆっくり呼吸を整えながら進もう。西黒尾根の看板先で石柱に着く。

トマの耳と
オキの耳をピストンする

石柱から谷川岳の山頂を目指して登る。岩稜帯の道なので、足元には細心の注意が必要だ。すぐに山頂双耳峰の一つ、**トマの耳④**に着く。大きな岩の上にトマの耳の山頂標識が立っている。白毛門や笠ヶ岳、上越方面の山々が見えている。さらに10分ど歩いてオキの耳に行ってみよう。ここからの展望も申し分なく、いい思い出になるはずだ。

オキの耳⑤からトマの耳を経由して谷川岳肩の小屋へ行く。日程が許せばここに宿泊して一夜を過ごすのもいいかもしれない。

多くの登山者と共に
天神尾根を下る

谷川岳肩の小屋前辺りがランチポイント。一帯はニッコウキスゲなどの高山植物が咲くことで知られている。ゆっくり休憩したら、天神尾根を歩いて下山しよう。

⑥最も登山者が多い天神尾根。晴天だと早朝から列ができるほど混雑する。⑦天神尾根の大きな岩。絶好の休憩ポイントだが、転倒などしないように注意したい。⑧熊穴沢避難小屋。休憩で使う人がほとんど。内部の壁に行方不明者のチラシが置かれていることがある。事故など起こさないように細心の注意を払うこと。⑨天神峠の鳥居。手前に展望台がある。⑩天神平から眺める谷川岳

　展望がいいため、足元への注意がおろそかになりがちになる。眺めを楽しむときは立ち止まることを心がけよう。また、午後早い時間に下っていると登ってくる人とすれ違う。ここでもすれ違い時にザックなどがぶつからないように注意したい。

　クマザサが茂る道を下っていくと右にザンゲ岩が現れる。展望は素晴らしく、天神峠がはるか下に見えている。多くの人がひと息入れるポイント。小さな岩が堆積したクマザサの道を下る。少し勾配が強くなったようだ。岩につまずかないように下ることに専念しよう。眼下に建物の屋根が見えてくる。**熊穴沢避難小屋⑦**だ。そのまま下り勾配の道を転倒に気を付けながら下り、**天神峠⑨**からリフト、ロープウェイを利用して谷川岳ベースプラザに下山する。

　田尻尾根を歩いた場合は1時間30分、リフトとロープウェイを利用すれば20分程度で下山できる。下山したら谷川岳ベースプラザでひと休みしてから帰路につこう。

西黒尾根は往路に歩く

　スタート地点の土合口の駐車場と山頂との高低差は1227m。この高低差と西黒尾根の特徴を踏まえて中級向きのコースとした。しかし、初めて谷川岳に挑戦する人は往復共にロープウェイを利用しよう。また、下りに西黒尾根を利用する場合は、難度が一段上がる。

　水場　名水で知られる谷川岳だが、コース上に水はない。従って途中のコンビニやスタート地点の谷川岳ベースプラザで購入すること。

　トイレ　谷川岳ベースプラザにあるが、山中では終点の天神峠にあるのみ。心配な人は携帯トイレ持参をおすすめする。

●問合せ先
谷川岳登山指導センター　☎0278-72-3688
谷川岳肩の小屋　☎090-3347-0802
みなかみ町観光協会　☎0278-62-0401

35 1泊2日で尾瀬ヶ原・尾瀬沼へ

初級

標高	1680m(白砂峠)
歩行時間	8時間5分(1泊2日)
最大標高差	360m
体力度	★★☆
技術度	★☆☆

おぜがはら・おぜぬま

尾瀬ヶ原・尾瀬沼

1/2.5万地形図 尾瀬ヶ原・燧ヶ岳・至仏山・三平峠

登山適期とコースの魅力

	1月	2月	3月	4月	5月	6月	7月	8月	9月	10月	11月	12月
	積雪期				残雪	新緑 梅雨		夏山		秋山 紅葉		積雪期

ミズバショウ ／ バイケイソウ ハクサンシャクナゲ ／ ヤナギラン
リュウキンカ ／ ワタスゲ ／ ニッコウキスゲ

展望　尾瀬ヶ原を歩いていると広がりのある湿原と燧ヶ岳や至仏山の眺望に驚かされる。
花　ミズバショウで知られる尾瀬。それ以外にはニッコウキスゲなど多くの高山植物が咲く。
紅葉　尾瀬の紅葉は9月下旬〜10月中旬。この時期を過ぎると山小屋は閉まる。

春　尾瀬の春は5月の中旬頃から始まる。
夏　尾瀬が最も華やぐ季節。
秋　朝晩は相当冷え込むのでダウンジャケットなどは必携。
冬　10月中旬〜5月上旬は雪深く上級者向き。

尾瀬ヶ原の木道に咲くニッコウキスゲ

アクセス

沼田IC → 関越自動車道 → 国道120号・401号 38km → 戸倉 → シャトルバス 40分 → 鳩待峠 → 8時間5分 → 一ノ瀬休憩所 → シャトルバス → 大清水バス停休憩場 → シャトルバス → 戸倉 → 国道401号・120号 38km → 関越自動車道 → 沼田IC

関越自動車道沼田ICから国道120号を日光方面へ走行。道なりに進み鎌田で橋を渡って国道401号に入る。この辺り

からカーブが多くなるので慎重に。旅館や土産物店が多くなると尾瀬戸倉に着く。ここに尾瀬第一、第二駐車場があ

る。合計で530台ほど駐車可能。料金は1日1000円。ここからバスで鳩待峠へ。下山時は大清水経由で戸倉へ。

コースガイド

早朝の冷風を受けて湿原を歩く

　このコースは尾瀬ヶ原と尾瀬沼を楽しむコース。できれば1泊2日で楽しんでみよう。1日で歩くなら、なるべく早く戸倉からのバスに乗って鳩待峠に到着するようにスケジュールを組むこと。

　鳩待峠❶で準備体操をして山ノ鼻へ向かう。道標に従えばいい。木の階段を下り、鳩待峠から山ノ鼻へ木道を歩く。この道が山ノ鼻まで続く。好展望を得ることは難しいが、尾瀬の森が作り出す新鮮な空気を存分に楽しもう。

　山ノ鼻❷が尾瀬ヶ原湿原の入口になる。ここに山小屋が3軒建ち、テントサイト、ビジターセンターがある。ここから左に行く道は

左：鳩待峠に建つ立派な看板。ここがスタート地点になる。右：鳩待峠から山ノ鼻に向かう樹林帯に延びる木道

💧 **水場**　鳩待峠、見晴などで給水できるが、飲用に適しているかは不明な箇所がある。そのため、水場に近い小屋で要確認。

🚻 **トイレ**　鳩待峠、山ノ鼻ビジターセンター、竜宮小屋、見晴、尾瀬沼ビジターセンターにある。

●問合せ先
片品村観光協会 ☎0278-58-3222
檜枝岐村役場観光課 ☎0241-75-2503

①広大な湿原に延びる木道。明るく静寂が支配する別天地だ。②尾瀬の中心ともいえる見晴。個性溢れる6軒の山小屋が営業している。③見晴から尾瀬沼に抜ける木道。緑濃い林のなかを歩くことになる。④山ノ鼻に建つ3軒の小屋の一つ、至仏山荘。⑤湿原内の休憩所。早朝だとここで睡眠不足を解消する人もいる。⑥湿原の中央に建つ龍宮小屋。⑦水量豊富な見晴に湧く弥四郎清水。ボトルにたっぷり詰めていこう

至仏山へと続いている。至仏山の登山口から山頂までは登り専用の道になるのため、山頂から山ノ鼻に下ることはできない。

　山ノ鼻から右の木道を進む。入山者数をカウントするポールを過ぎると湿原に入る。戸倉からの始発バスで訪れると、湿原はまだ朝もやに包まれている。幻想的なロケーションに心が躍るはずだ。

　原川上川橋を渡ると前方に燧ヶ岳、後方には至仏山が見えてくる。盛夏なら木道沿いにはカキツバタやワタスゲなどの高山植物を愛でることができる。池塘に浮くようにあるのはヒツジグサ。羊の刻（午後2時頃）に白い花が咲くことから命名されたようだ。多くの人たちの姿が見えるのだが、聞こえてくるのは耳に心地いい風の音だけ。風が止み、ハイカーの姿が見えていても、耳が痛くなるほどの静寂に包まれる。

　各所に植物や池塘を紹介する看板が立てられている。燧ヶ岳が逆さまに映り込む池塘を眺めながら進むと**竜宮十字路④**。こんもりとした森が見える。そこに龍宮小屋がある。

見晴でたっぷり休憩したら
白砂峠を越えて尾瀬沼へ

　龍宮小屋で休憩したら、30分ほど歩いて見晴へ行く。正面に見えているのが燧ヶ岳だ。**見晴⑤**には6軒の小屋と休憩所、水場、トイレがあり尾瀬を訪れる人たちの憧れの場所ともなっている。

　休憩所やベンチでゆっくり休憩したら、第二長蔵小屋の前から木道に入る。600mほど進むと、燧ヶ岳に向かう見晴新道との分岐に着く。ここを直進して**白砂峠⑥**へ。残念ながら樹林帯のため展望を得ることは難しい。ここから下りになるが、岩が転がる地点もあるので慎重に。勾配が落ち着けば尾瀬沼の西端、**沼尻平⑦**に着く。ここからは尾瀬沼を右に見ながら湖畔の木道を歩く。盛夏ならワタスゲやニッコウキスゲなどが咲き誇るエリアだ。

149

尾瀬沼の畔を
ゆっくり歩いて一ノ瀬へ

　尾瀬沼の北側に延びる遊歩道を進む。長英新道分岐を過ぎると、湖畔の東側を進むようになる。尾瀬沼ビジターセンターの周囲に売店や長蔵小屋があり、多くの人が買い物をしたりお茶を飲みながら尾瀬の1日を楽しんでいる。また、夏のシーズンになると、長蔵小屋に物資を輸送するヘリコプターが頻繁に訪れる姿を見ることもできる。日常では見ることができない光景に思わず、拍手するハイカーもいるほどだ。

　木道をたどって尾瀬沼の三平下❾まで行く。ここで尾瀬沼とはお別れになるので、広場で少し休憩。シーズンにはたくさんのミズバショウを確認することができる場所だ。

　尾瀬に別れを告げたら尾瀬沼山荘前の道を登る。樹林帯に入る前に今一度、尾瀬沼の美しい姿を脳裏に焼き付けておこう。尾瀬沼休憩所の前から山道に入る。

　登りきると三平峠❿だ。ベンチが置かれているので少し休憩するのもいい。木道を進む。樹林帯に延びる穏やかな木道だが、すぐに階段状の道になる。途中に岩清水という水場がある。これから尾瀬沼に向かう人たちが給水している。ここからわずかな時間で舗装道路が通る一ノ瀬休憩所⓫に到着する。トイレがあるので利用するといい。

　ここから車道を1時間歩けば大清水だが、シーズン中はシャトルバスが運行されているので利用しよう。

⑧白砂峠を越えて尾瀬沼エリアに入った地点の湿原。⑨沼尻平手前の木道。小さな高山植物を木道近くで見ることができる。⑩一ノ瀬休憩所。ここからバスで大清水へ。⑪尾瀬沼東の畔から眺める燧ヶ岳。おおらかな山容が魅力だ

尾瀬ヶ原

尾瀬ヶ原は本州最大の高層湿原で、東西6km、南北2kmに渡り広がっている。その成り立ちは約8000年前頃からの泥炭の形成という説が有力とされている。現在の泥炭形成は1年間で0.7mm程度のようだ。

尾瀬沼は約1万年前に火山の燧ヶ岳が誕生。その火山活動により盆地の東半分が堰き止められた結果、誕生したと考えられている。

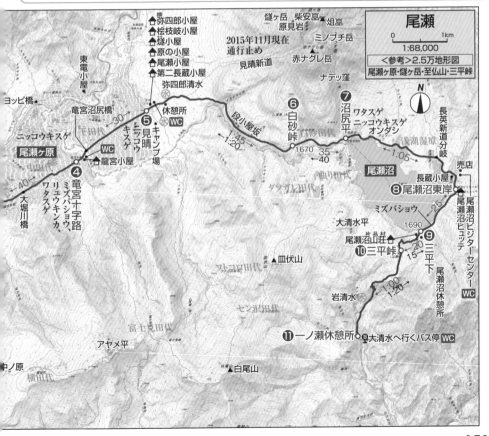

36 世界遺産に登録された日光に佇む低山

初級

標高	1104m
歩行時間	5時間
最大標高差	566m
体力度	★☆☆
技術度	★☆☆

鳴虫山
なきむしやま

1/2.5万 地形図 **日光北部・日光南部**

登山適期とコースの魅力

1月	2月	3月	4月	5月	6月	7月	8月	9月	10月	11月	12月
積雪期		残雪		新緑	梅雨		夏山	秋山	紅葉	晩秋	積雪期

アカヤシオ ── シロヤシオ
カタクリ ──── トウゴクミツバツツジ

展望 木々が枯れる秋になれば、山頂から日光連山が眺められる。

花 アカヤシオやシロヤシオ、トウゴクミツバツツジ、カタクリなどが観察できる。

紅葉 日光エリアの紅葉は9月下旬から11月上旬まで楽しめる。鳴虫山は10月下旬がきれい。

春 4月下旬〜5月上旬にはアカヤシオが観られる。カタクリもこの頃。

夏 東京近郊の山ほどは暑さを感じないためか、意外に登山者が多い。

秋 紅葉がきれいなので、最もおすすめの季節。

冬 雪深いので冬季の装備が必要。

JR日光駅隣りにあるコインパーキング

アクセス

東北自動車道 宇都宮IC ── 日光宇都宮道路・国道120号 30km ── JR日光駅

 5時間

JR日光駅 ── 国道120号・日光宇都宮道路 30km ── 東北自動車道 宇都宮IC

東北自動車道宇都宮ICから日光宇都宮道路に入り、日光ICを目指す。ICを出たら国道120号を走行して、JR日光駅へ。駐車場はJR日光駅の隣にある。50台ほど駐車できる。当日24時まで500円（休日600円）。そのほか近くにコインパーキングがある。駅に直結しているような駐車場なので、飲食店が近い。

コースガイド

観光客でにぎわう国道歩きから

JR日光駅❶の隣にある駐車場から歩き始める。日光連山を眺めながら観光客でにぎやかな通りを歩く。この国道119号は市内の大動脈なので交通量が多い。必ず歩道を歩くようにしよう。帰路には日帰り温泉施設で汗を流せるお楽しみもある。

車道の左側を山に向かって歩いていくと、消防署の先に**御幸町❷**という交差点がある。ここを左へ曲がる。道が突き当たったら、ここも左へ。すぐに右に入る路地がある。そこに鳴虫山の道標があるのでそれに従う。

すぐに**登山口❸**がある。そこから小さな階段を登る。樹林帯に入ると道が細くなる。少

1 2
3 4

①スタート地点となるJR日光駅。レトロな駅舎が印象的だ。②御幸町の信号。ここを左へ。③道路上に立つ鳴虫山の道標。④鳴虫山の登山口。説明看板などが立つ登山口だ

し登るとヒノキ林になり、登り勾配が少しだけきつくなる。この山の登山道の特徴は距離表示がされていること。自分がどのあたりを歩いているのかがわかるのでありがたい。

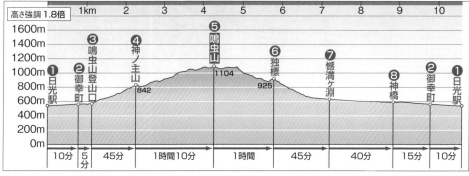

153

⑤神ノ主山からの展望。日光連山の眺望に恵まれた山頂といえる。⑥ヒノキの人工林。葉が枯れると日差しが眩しく感じられる。⑦神ノ主山への登り。木の根を踏まないように注意しよう。⑧木の根が露出した箇所は、極力踏まないように歩く。⑨鳴虫山山頂から眺める赤薙山方面の山

登山口からは
静かな歩きが楽しい

　登山口からひたすら樹林帯を登っていくと50分ほどで神ノ主山❹の山頂に着く。なんとも日光らしい名前の山だ。ベンチがあり、日光連山の眺めもいいので、少し休憩しよう。この山頂には鳴虫山まで2kmの道標が立っている。いったん下って馬の背のような尾根道を上下する。木の根が露出した箇所が多いのでつまずかないように、また木の根をなるべく踏まないようにして進む。ロープが張られた急坂もあるが、岩場ではないのでゆっくり歩けば大丈夫だ。木々の間から再び日光連山が見えてくると鳴虫山❺の山頂に到着する。

必ずしも休憩向きではない
鳴虫山山頂

　鳴虫山の山頂は小広いが、樹木が育って展望を得ることは難しい。それでもわずかに女峰山方面は見える。あまり休憩に適しているとはいえないが、行程のほぼ中間点であり、

目指してきた山に登り着いた幸せをかみしめて、お弁当を広げるのもいいだろう。

　ひととき満足感に浸った後は、下山にかかる。いきなりかなりの急坂が現れる。とくに足元が悪い箇所には木の階段が造られている。これを下ればひと息入れられるので、気を抜かないように。細い登山道を軽くアップダウンすると合峰に着く。この先は急な下りが続くので、息を整えてから出発しよう。

　合峰からの下り出しにはロープが張られている。土の道だが、傾斜がきついので、軽く片手に持って進むといい。その後、下る箇所にもロープが張られている。

　カラマツに覆われた尾根を軽くアップダウンして進む。最後に木の根が張り出した登りをクリアすれば、独標❻に着く。道標が立ち、休憩するのに適した場所だ。ここから雑木林のなかを進んでいくと、ロープの張られた下りが現れる。それをクリアし、道なりに進んで、日光宇都宮道路をくぐる。下り着いたここで右へ行くのが本来のルートだが、ここでは寄り道をして左へ15分ほど歩くとやしお

⑩鳴虫山山頂。ベンチ代わりの木のブロックが置かれている。⑪下山時に下る木の階段。足元はしっかりしている。⑫ここが実質的な下山口になる。⑬憾満ヶ淵方面へ向かう。⑭急斜面に造られた道。直線的だが、足場の悪い箇所もあるので注意しよう。⑮合峰山頂。ここから独標までは高低差150mほどの下り。⑯並び地蔵。一体一体をじっくり観察すると自分に似た地蔵がいるかもしれない。⑰憾満ヶ淵の急流

の湯がある。観光客にも人気の高い日帰り入浴施設で山歩きでかいた汗を流したい。着替えをもっていき、さっぱりして帰るのもいいだろう。疲れを癒したら、下山口まで来た道を戻る。

　その先にある並び地蔵を見学する。左の急流には**憾満ヶ淵⑦**という名前がついていて、その自然の厳しさを鎮めるためにお地蔵さまを祀ったのかと想像が膨らむ。ストーンパークの前を通り、茶店の前から橋を渡る。旅館などが建ち並ぶ道をのんびり歩いていくと、やがて大谷川沿いの国道120号に合流する。そのまま直進して**神橋⑧**を見学しよう。日光市街と二社一寺の間を結ぶ朱塗りの橋で、世界遺産の日光を代表する景観といえる。それを目の前にすれば、心が癒されるだろう。

　世界遺産日光の中核をなす二社一寺の見学は、山歩きのついでとはいかない。これはこれだけのために機会を作り、改めて訪れることにしよう。

　神橋の前にはバス停があるので、バスに乗って日光駅まで戻ってみよう。観光地らしく、本数が多いのもうれしい。また、時間があれば、土産物店で品定めをしたり、気になる店に立ち寄ったり、食べ歩きを楽しみながら、駐車場までのんびりと歩いて戻るのもいいだろう。

神橋

日光を代表する赤い橋。国の重要文化財であり、世界遺産にも登録されている。寛永13年（1636）に現在のような朱塗りの橋になった。奈良時代、勝道上人が日光山を開く際、深沙王が2匹の蛇を放った。その蛇の背から山管が生え橋になったという伝説が残っている。

 水場　山中に水場はないので、事前に用意していこう。
 トイレ　山中にトイレはない。

●問合せ先
日光市観光協会 ☎0288-22-1525
日光市役所観光課 ☎0288-21-5170

155

37 弥陀ヶ池から見上げる岩壁に登攀意欲をそそられる

中級

標高	2578m
歩行時間	6時間50分
最大標高差	848m
体力度	★★☆
技術度	★★☆

にっこうしらねさん
日光白根山

1/2.5万地形図 **男体山・丸沼**

登山適期とコースの魅力

1月	2月	3月	4月	5月	6月	7月	8月	9月	10月	11月	12月
積雪期			残雪	新緑	梅雨		夏山	紅葉		晩秋	積雪期

コマクサ　シロバナコマクサ
シラネアオイ　ミヤマトリカブト　アキノキリンソウ

展望 天気がよければ360度の大展望が楽しめる。燧ヶ岳や男体山、中禅寺湖の眺めが印象的。
花 珍しいシロバナコマクサやミヤマトリカブト、ミヤマアキノキリンソウなどが観察できる。
紅葉 標高の高い場所は9月下旬から始まり、麓付近は10月中旬まで楽しめる。

(春) 日光白根山の春は遅く、残雪は例年5月下旬まである。
(夏) 日光白根山が最も輝くのが6月中旬〜8月。この時期が登山適期ともいえる。
(秋) 朝晩は冷え込むのでそれなりに準備する。
(冬) 一部のエキスパートしか入山できない。

駐車場からすぐに山道が始まる

アクセス

宇都宮IC（東北自動車道）→ 日光宇都宮道路・国道120号 64km → 菅沼登山口 → [6時間50分] → 菅沼登山口 → 国道120号・日光宇都宮道路 64km → 宇都宮IC（東北自動車道）

東北自動車道宇都宮ICから日光宇都宮道路に入り、終点の清滝ICで下車。ここから国道120号を走行して、奥日光方面を目指す。紅葉期の大渋滞で知られる第二いろは坂を登り、中禅寺湖、日光湯元温泉街の脇をすり抜けるようにして群馬県との県境をなす金精峠のトンネルを抜けて、菅沼登山口へ。ここに有料駐車場1日1000円、70台がある。

コースガイド

広々とした駐車場からスタート

登山口となる菅沼は、栃木県との県境に近い群馬県片品村にある。県境に近いため、路線バスの本数は少なく、多くの登山者がクルマを利用するので、駐車場は充実している。西側の丸沼高原からロープウェイで山頂近くまで登ることもできるが、展望のいい登山道を頑張って登ることにしよう。

駐車場❶の奥から、道標に従って深い樹林帯に入る。ここでの展望は期待できないが、苔むした岩や立ち枯れした木が混じる少し湿り気がある場所だ。

細かく右左折を繰り返しながら進む。木々の隙間からは、わずかに周りの山が見える。

1 2
3 4

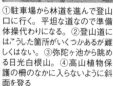

①駐車場から林道を進んで登山口に行く。平坦な道なので準備体操代わりになる。②登山道にはこうした箇所がいくつかあるが難しくはない。③弥陀ヶ池から眺める日光白根山。④高山植物保護の柵のなかに入らないように斜面を登る

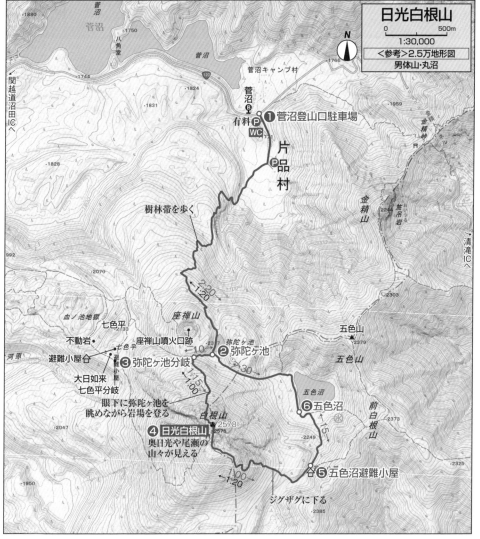

⑤日光白根山山頂から眺める男体山とその麓に広がる中禅寺湖。⑥荒々しい斜面を登る。大小の岩が転がる道だが写真のような大岩もあるので、近寄らないこと。⑦右の一番高い地点が日光白根山の山頂。展望は抜群だ。⑧日光白根山山頂の小さな祠。無事下山をお願いしていこう。⑨五色沼近くに建つ五色沼避難小屋。通年利用することができる

休憩する場所はないので、ところどころで立ち休みを繰り返していこう。

　最初は比較的歩きやすい道だが、次第に大木の根に邪魔されるようになる。なるべく根を踏まないように注意しよう。弥陀ヶ池まで900mの道標を過ぎると道は安定し、展望も開けてくる。上空が開けてくると、静かに水を湛える**弥陀ヶ池❷**に到着する。

　池のほとり沿いに木道を進む。正面に大きな岩山が見えてくる。それが日光白根山だ。ここから見ると「あの岩場を登るのか」と少しばかり後悔するかもしれないが、実際に目の前にすれば、登れることがわかるはず。

立ち休みを繰り返し
急勾配を克服する

　木道はすぐに分岐する。左へ行けば五色沼避難小屋。日光白根山へは右へ進路をとる。崩壊した岩場から七色平に向かう**分岐❸**方面に登ると、日光白根山800mの道標に出合う。

　岩と倒木が目立つ斜面を登り始める。数歩

登るたびに高度が上がったことがわかる。それだけ傾斜がきついということの証だ。さらに登ると、弥陀ヶ池が真下に見えてくる。そろそろロープが張られた箇所に差し掛かる。そこを抜けると小さな樹林帯に入る。わずかな時間で白根山の道標に出合う。さらに勾配は増してくるようだ。

　下方に見える弥陀ヶ池はずいぶん小さくなった。また、菅沼や丸沼も見えている。さらに勾配は増す。3歩進んだらひと呼吸入れながら、岩に付けられたペンキマークに従って進む。三点支持の姿勢でクリアしなければならないところも多くなるので、慎重に行動する。

山頂の時間は
譲り合いの精神で

　山頂下の小さな広場まで登ってきたら、山頂はもう目の前だ。道標に導かれるようにして斜面を登れば、**日光白根山❹**の山頂に着く。

　山頂はいくつもの大岩が折り重なったようなところ。狭く、次々に登山者が登ってくる

⑩青い水を湛える静かな五色沼。下山時にほとりを歩くが、明るいイメージが強い。⑪五色沼は堰止湖で標高2578mの白銀山と標高2373mの前白根山の間にある。湖面の色が季節や見る角度で変化するため、この名が付けられた。下山時に目の前で確認してみよう。⑫五色沼から弥陀ヶ池に向かう遊歩道。盛夏ならさまざまな高山植物を観察することができる

ため、ゆっくりすることはできない。それでも日光男体山や中禅寺湖の眺めだけは確認しておこう。きれいな景色をカメラと心に収めたら、岩稜地帯を下って祠が建つ広場でランチにしよう。ここからの眺めもいい。

この広場から五色沼の道標に従う。その前に眺めをもう一度楽しんでおこう。下山時にも眺めることはできるが、足元が急斜面なので転倒する危険があるからだ。

五色沼まで1.8kmほどだ。ジグザグに下る斜面は基本的にガレているので、歩幅は狭くして歩く。ところどころでイワカガミの花を観賞できる。下り勾配がゆるむと、小さな林に入る。ここを抜けたところに**五色沼避難小屋❺**が建っている。

ここから**五色沼❻**へ向かう。平坦な道をわずかに進めば到着する。静かな水面が印象的だ。この沼の北側に電気柵で囲まれたシラネアオイの保護区画がある。

五色沼から一つ小さなピークを越える。短い登りだが、呼吸を整えながら進むようにしよう。フラットな木道に入ると、弥陀ヶ池に向かうことになる。

左上方を眺めると、先ほどまで苦労して登った日光白根山のゴツゴツとした山頂部分が見えてくる。左に橋が見える。その橋を渡る前に少し休憩しよう。

橋を渡ると木道から往路で歩いた分岐に出る。ここを右へ行こう。あとは往路で歩いた樹林帯を下って駐車場へ戻る。クルマで丸沼高原に向かい、存分に温泉を楽しんでから帰路につくのもいい。

弥陀ヶ池〜日光白根山

五色沼まで行かずに弥陀ヶ池分岐から山頂までをピストンする場合は、焦らずに慎重に行動したい。とくに下りには細心の注意が必要。そのためこのコースを中級者向けとした。最も注意したいのが浮いた石に乗ってしまうこと。手足4本をフル稼働して頑張ろう。

水場 五色沼に水場があるが、それ以外にはない。事前に必要な分を用意しておこう。

トイレ 登山口の菅沼にあるが、それ以外コース上にはなく、ロープウェイ山頂駅まで行かなければならない。心配なら携帯トイレを用意しよう。

●問合せ先
片品村観光協会 ☎0278-58-3222

38 秘湯として名高い奥鬼怒温泉に1泊してみよう

初・中級

標高	2011m
歩行時間	8時間45分（1泊2日）
最大標高差	900m
体力度	★★☆
技術度	★★☆

鬼怒沼湿原
きぬぬましつげん

1/2.5万地形図　川俣温泉・三平峠

登山適期とコースの魅力

1月	2月	3月	4月	5月	6月	7月	8月	9月	10月	11月	12月
積雪期			残雪	新緑	梅雨	夏山		秋山	紅葉	積雪期	

フタリシズカ
ミツバオウレン
シロバナノヘビイチゴ

展望　高層湿原を歩くため、上空が開けて心地いい。緑に覆われた名瀑が見事。

花　初夏になるとミツバオウレンやタテヤマリンドウ、チングルマなどが咲き誇る。

紅葉　他の高山帯よりも早く8月下旬には草紅葉が始まり、9月中旬に湿原が赤く染まる。

春　他の山域よりも春は遅く、登山に向くのは5月の中旬くらいからになる。雪解けが遅いので事前に確認する必要あり。

夏　高山植物を愛でることができる。

秋　9月中旬からの紅葉も美しい。

冬　登山向きの季節ではない。

渓流を渡る砥の岩橋。緑が目に心地いい

アクセス

東北自動車道 宇都宮IC → 日光宇都宮道路 35km → 日光IC → 霧降高原道路・県道23号線 55km → 女夫渕駐車場 … 8時間45分 … 女夫渕駐車場 → 県道23号線・霧降高原道路 55km → 日光IC → 日光宇都宮道路 35km → 宇都宮IC 東北自動車道

東北自動車道宇都宮ICから日光宇都宮道路に入り、日光ICで下りる。ここからは霧降高原の看板に従って走る。進む につれ先行車も後続車も少なくなり、すれ違うクルマもなくなるような状態になるが、未舗装部はないので快適なド ライブが楽しめる。霧降高原道路から県道23号を走行して大笹牧場のレストラン前で左、川俣温泉方面へ。

コースガイド 女夫渕から先は歩行者の天国

県道の終点で、駐車場のある**女夫渕❶**の先には山しかない。八丁湯か加仁湯温泉に宿泊するなら、送迎バスが利用できるが、そうでなければ駐車場から歩くほかはない。

橋を渡ってすぐに傾斜のきつい階段。その後はジグザグに斜面を登っていく。再び橋を渡ったら、そこからは軽くアップダウンを繰り返す。落石防止のフェンスが張られた箇所を足早に抜け、二ツ岩橋、砥の岩橋を渡った後は、沢沿いの道を歩いていく。

避暑地で見かけるような、手入れの行き届いたきれいな林に入る。盛夏でも蒸し暑さとは無縁だし、木漏れ日が心地いい。この林を

左：湿原から眺める燧ヶ岳。右：川沿いを歩いて八丁湯へ

抜け、河原の脇を歩く。気分が開放的になる。

遊歩道が樹林帯のなかに入ると、少しだけ登り勾配になる。その道が平坦になって、林のなかを進んでいく。目印となる最初のポイントの八丁湯は近い。

山の湯宿にはそれぞれの風情が漂う

林が尽きると、ログハウスが連なる**八丁湯❷**に到着する。本館前のログハウスの1階に

ミニ尾瀬ともいわれる鬼怒沼湿原。静寂に支配され、柔らかな陽光と鳥のさえずりが印象に残る

は清涼飲料水の自動販売機があり、切り株をそのまま利用したベンチが置かれている。ここを利用し、水分補給をさせてもらおう。

八丁湯からログハウスを右に見ながら進む。大きな橋をくぐり抜けると加仁湯だ。玄関前の足湯はだれでも無料で使える。

加仁湯本館前から左上に通っている林道に出て、さきほどくぐった橋とは逆の南西に進む。工事用車両などが通行することがあるので注意したい。

風情のある**日光澤温泉❸**の建物を正面から眺める。鬼怒沼への道は、温泉の左の建物の間にある。登山届のポストもあるので、提出しよう。ここに山からの引き水もある。ボトルへの給水を忘れずに。

日光澤温泉から山道に取り付く。「鬼怒沼・丸沼」の道標に従って歩く。道は日光澤温泉の建物脇から裏手に延びている。意外に大きな温泉の建物に驚きながら、幅の狭い橋を渡る。その後は左下に沢を眺めながら進む。途中に落石などに対する注意喚起の看板が立っ

鬼怒沼エリアの宿泊施設

八丁湯
☎0288-96-0306

通年営業（休館日有）：1泊2食付15,400円〜
本格的な懐石料理が楽しめる宿。女夫渕からの送迎バス有。完全予約制。

加仁湯温泉
☎0288-96-0311

通年営業（休館日有）：1泊2食付13,000円〜
八丁湯と日光澤温泉の中間にある温泉宿。女夫渕からの送迎バス有。完全予約制。

日光澤温泉
☎0288-96-0316

通年営業（休館日有）：1泊2食付10,800円〜
鬼怒沼への登山道入口に建つ温泉宿。女夫渕からの送迎バスはない。完全予約制。

ている。気持ちを引き締めて出発しよう。

　ところどころに鬼怒沼までの距離が表示されていて参考になる。左に見えてくるのが、**ヒナタオソロシの滝展望台❺**に向かう橋だ。これを渡り、斜面を急登すると展望台がある。時間があればぜひ行ってみたい。往復で30分ほどだ

　さらに登山道を進む。針葉樹が広がる森に延びる道だ。ほどなく**オロオソロシの滝展望台❻**に出る。ここが休憩ポイント。鬼怒沼までベンチのあるポイントは少なく、ここで少し休んでいくといい。正面に見えるのが、おどろおどろしい名前のオロオソロシの滝で、山中とは思えない迫力のある姿を見せてくれる。

　汗が引いたら出発する。この先に鬼怒沼まで2.4kmの道標がある。石が転がる林のなか

💧 **水場**　登山口の女夫渕にある。さらに登山途中の砥の岩橋近くにある。どちらも山の水。冷たくて旨い。しかし、事前に用意していくことが大切。涸れることも考えられるからだ。

🚻 **トイレ**　登山口の女夫渕にある。
TOILET

●問合せ先
日光市観光協会
湯西川・川俣・奥鬼怒温泉支部 ☎0288-97-1126

を歩く。長い階段を上下したり、石が敷き詰められた道を進んでいく。鬼怒沼まで1.5kmの道標を過ぎると、勾配はゆるみ、木道がたびたび登場するようになる。登山道の脇にはササが目立ち、歩きやすい。その後、階段や倒木が現れるが、すんなり通過できる。細い木道に変わると、そのまま鬼怒沼湿原に入る。

　開けたところが**鬼怒沼湿原の南端❼**。すぐ

①鬼怒沼湿原から眺める鬼怒沼山。鬼怒沼山の標高は2141m。湿原の標高の高さがわかる。②展望台から眺めるヒナタオソロシの滝。迫力のある流れだ。登山道の分岐から往復30分程度で見物できる。③鬼怒沼から展望する燧ヶ岳。特徴的な山頂がよくわかる。鬼怒沼湿原は尾瀬と隣り合っていることがよくわかるロケーションだ

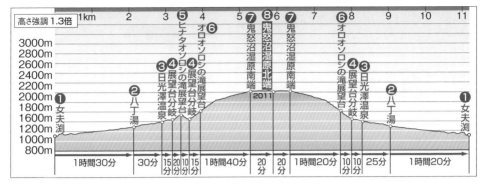

に木道が二手に分かれるが、ここは直進する。右前方には鬼怒沼山が見える。すぐそこに見えるので、ぜひ登ってみたいと心が動くが、そこまでの道が荒れているうえにクマが頻繁に出没するということなので、湿原までで我慢して、北端❽から往路を戻ることにしよう。

下山は往路を戻る。途中にあるベンチで休めば、鳥のさえずりや風の音だけしか聞こえない、日常では経験できないような静けさを楽しめる。盛夏なら、それに加えてワタスゲやチングルマなどが可憐な花を咲かせ、目も楽しませてもらえる。

奥鬼怒湿原手前の深い森。足元に注意しながら歩くこと

道幅の狭い箇所もある

落成防止のフェンス

カッタテの滝

二ツ岩橋

砥の岩橋

ウスクボ平

奥鬼怒林道

一般車の通行禁止

奥鬼怒歩道

林のなかを歩く

アップダウンの少ない歩きやすい遊歩道を歩く

❻オロオソロシの滝展望台

❹展望台分岐

急坂

❺ヒナタオソロシの滝

オロオソロシの滝

針葉樹林が広がる

ヒナタオソロシの滝展望台

オロオソロシの滝展望台

日光沢ノ滝

鬼怒滝

日光沢

❷八丁湯

加仁湯

蔵音橋

❸日光澤温泉

手白澤温泉

手白山

奥鬼怒沼温泉郷

湿原に建つ東電の巡視小屋は非常時、避難小屋になる

湿原内の分岐。直進すると尾瀬、左は奥鬼怒温泉方面だ

奥鬼怒湿原

N

1:40,000

<参考>2.5万地形図
川俣温泉・三平峠

0　　　　　1km

❶女夫渕

女夫渕

WC
P
登山届

日光ICへ

階段を登る

橋を渡る

39 日本百名山に名を連ねる名山に 1泊2日で登る

初 級

なすだけ
那須岳

標高	1915m(茶臼岳)
歩行時間	7時間5分(1泊2日)
最大標高差	525m
体力度	★☆☆
技術度	★☆☆

1/2.5万地形図	那須岳

登山適期とコースの魅力

1月	2月	3月	4月	5月	6月	7月	8月	9月	10月	11月	12月
積雪期		残雪		新緑	梅雨	夏山		秋山	紅葉	晩秋	積雪期

マルバシモツケ　オノエラン　ガンコウラン
ベニサラサドウダン　　　　　ハクサンオミナエシ

展望 標高1915mの山頂からの展望は雄大で、三本槍岳や朝日岳の展望が印象に残る。
花 ハクサンオミナエシやシラネニンジン、ウスユキソウ、クルマユリなどが咲く。
紅葉 那須岳の紅葉は9月下旬～11月中旬にかけて場所を変えながら色付いていく。

春 例年、5月8日に開山祭が行われ、登山シーズンを迎える。
夏 登山者が最も多くなる季節。
秋 紅葉の季節を迎えるが、
冬 10月中旬～5月上旬は雪深く上級者向き。

那須ロープウェイ山麓の駐車場

アクセス

東北自動車道 那須IC → 那須街道（県道17号線）21km → 山麓駅 那須ロープウェイ → 7時間5分  → 山麓駅 那須ロープウェイ → 那須街道（県道17号線）21km → 東北自動車道 那須IC

東北自動車道那須ICから那須街道（県道17号線）を那須湯本温泉方面へ走る。ロープウェイ乗場までは一本道。途

中にコンビニは多いが、最初に見つけた店で不足した物を買い揃えておこう。那須湯本温泉を過ぎると登り勾配が強

くなり、弁天温泉に着く。わずかな時間でロープウェイ山麓駅に到着する。駅前が無料の駐車場。40台ほど駐車可。

コースガイド

重畳と連なる山並みに胸が躍る

　那須ICを下りて西側を望めば、ドーム型の山を中心に連なる山並みが目を引く。ドーム型の山は那須岳の主峰である茶臼岳で、北に三本槍岳、南に南月山などが連なっている。那須岳という名前のピークはなく、茶臼岳がその名前で呼ばれることもある。

　茶臼岳はロープウェイで山頂近くまで一気に登れて人気。三本槍岳はなだらかで目立たない山容だが、茶臼岳より標高が2mほど高く、那須岳の最高峰。その間の朝日岳は鋭い岩峰で、三者三様の個性が際立つ。日本百名山のひとつにも数えられ、選者の深田久弥は「那須岳とは…茶臼岳、朝日岳、三本槍岳」と記

①往路はロープウェイを利用して那須岳に登る。②ロープウェイ山頂駅から茶臼岳に向かう。③茶臼岳の斜面に取り付く手前。足元には岩が転がる。④鳥居をくぐって茶臼岳に参る。⑤山頂の祠に登山の無事や健康などいろいろなことをお願いする

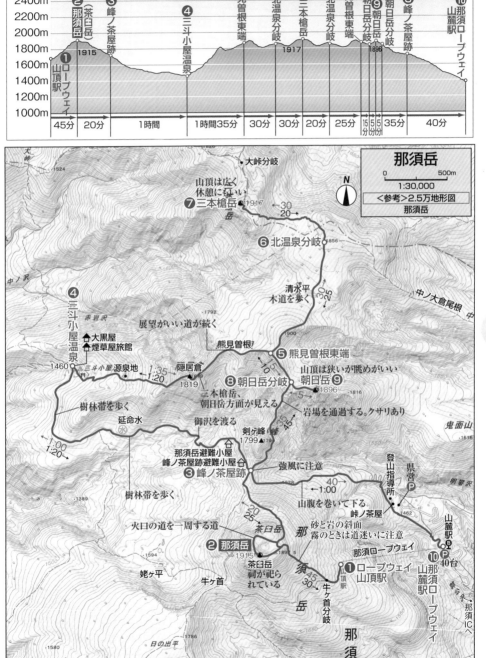

高さ強調2.7倍

| 1km | 2 | 3 | 4 | 5 | 6 | 7 | 8 | 9 | 10 | 11 | 12 | 13 | 14 |

② 那須岳（茶臼岳）1915
③ 峰ノ茶屋跡
④ 三斗小屋温泉
⑤ 熊見曽根東端
⑥ 北温泉分岐
⑦ 三本槍岳 1917
⑥ 北温泉分岐
⑤ 熊見曽根東端
⑧ 朝日岳分岐
⑨ 朝日岳
⑧ 朝日岳分岐
③ 峰ノ茶屋跡 1896
⑩ 那須ロープウェイ山麓駅
① 山頂駅ロープウェイ

2400m
2200m
2000m
1800m
1600m
1400m
1200m
1000m

45分　20分　1時間　1時間35分　30分　30分　20分　25分　15分　5分　5分　35分　40分

那須岳

0　　　500m
1:30000
＜参考＞2.5万地形図
那須岳

N

大峠分岐

山頂は広く休憩にいい
⑦ 三本槍岳 1917

⑥ 北温泉分岐

清水平
木道を歩く

④ 三斗小屋温泉
大黒屋
煙草屋旅館
三斗小屋源泉地 1460

展望がいい道が続く

熊見曽根

⑤ 熊見曽根東端
山頂は狭いが眺めがいい
朝日岳 ⑨

隠居倉 1819

⑧ 朝日岳分岐
三本槍岳、朝日岳方面が見える
御沢を渡る

岩場を通過する。クサリあり

延命水

剣ヶ峰 1799

樹林帯を歩く

那須岳避難小屋
峰ノ茶屋跡避難小屋
③ 峰ノ茶屋跡

強風に注意

登山指導所
県営 P

樹林帯を歩く

火口の道を一周する道

茶臼岳

② 那須岳 1915
茶臼岳祠が祀られている

砂と岩の斜面
霧のときは道迷いに注意

峰ノ茶屋

山腹を巻いて下る

山麓駅 1462

① ロープウェイ山頂駅
那須ロープウェイ

⑩ 那須ロープウェイ山麓駅
P 40台

牛ヶ首分岐

姥ヶ平

牛ヶ首

那須岳

那須町

日の出平

東北道

那須岳

165

している。秘湯に泊まり、三山を縦走しよう。

まずロープウェイで標高1684mの**山頂駅**❶へ。ここから茶臼岳へは標高差約230m、約45分の登りだが、比較的若い火山のため植生はあまり発達しておらず、岩と砂礫で吹きさらしの斜面が続く。

山頂駅から斜面を巻き気味に登り、牛ヶ首方面への道と分かれて右へ進む。岩にペンキで書かれた印を見失わないように。

急登が終わると、十字路に出る。ここを左に進み、火口の縁であるなだらかな尾根を登り詰める。石の祠が祀られているのが、標高1915mの那須岳最高点（茶臼岳）。展望は360度で、南の南月山から右回りに男体山、日光白根山、尾瀬の燧ヶ岳などが連なる。

歩いてしか行けない
秘湯を目指す

三斗小屋温泉へ向かう。そのまま来た道を戻るのもいいが、せっかくなので火口を一周していこう。時計回りに進み、先ほどの十字路に戻ったら左折、峰ノ茶屋跡を目指す。岩

⑥茶臼岳は正真正銘の活火山。常に噴煙が上がっている。登る前にはその日の情報をロープウェイ乗場で確認しよう。⑦岩の多い斜面を歩いて峰ノ茶屋跡へ。⑧展望に優れた朝日岳山頂。⑨朝日岳からの下り。足元には大小の岩が転がっている。転倒に要注意。⑩茶臼岳山頂に祀られた祠。風雪に耐えながら登山者を見守っている。⑪峰ノ茶屋からの下り。風が強いときは要注意。⑫茶臼岳山頂台地。大小の岩に覆われた山頂だ

と砂礫の道を、東側の山腹を巻いて尾根に戻ると、比較的歩きやすい道になる。

下りきった鞍部が**峰ノ茶屋跡**❸で、避難小屋が建つ十字路になっている。明日の下山時に歩く朝日岳、山麓駅方面への道と分かれ、西へ下る。樹林に入ると那須岳避難小屋が建っている。ひと下りして、御沢を渡った後、隠居倉の山腹を巻いて、ゆるやかに下っていく。

延命水の水場を過ぎると歩きやすくなる。

峰ノ茶屋跡避難小屋

峰ノ茶屋は風の通り道だが、ここに建つ避難小屋は休憩に適している。雨風が凌げるため、登山者にとってはありがたい存在。一人でも多くの人が利用できるように荷物を広げないこと。

⑬朝日岳頂上から眺める茶臼岳。風向きによっては噴煙が上がる光景が見える。⑭下山口。鳥居をくぐって駐車場へ向かう。⑮下山時に立ち寄る人が多い峠ノ茶屋。⑯国立公園那須岳の石碑。牛ヶ首に立ちランドマークになっている。⑰朝日岳付近からの下り。岩場の道の中央に手摺り代わりのクサリが張られているので利用しよう。⑱開放的な登山道が続く。広く歩きやすいが風が強い日は要注意。グループの場合は固まって歩くこと

沼ッ原方面の道を分け、尾根を回り込むと山中の秘湯の趣にあふれた**三斗小屋温泉❹**に着く。宿は2軒。右は露天風呂がある煙草屋旅館、左が大黒屋だ。

翌朝は煙草屋旅館の前を登っていく。かなり長い行程になるので、できる限り早く出発するようにしよう。ひと登りで温泉神社を過ぎ、さらに20分ほど登っていくと三斗小屋温泉の源泉地に着く。さらに登ると樹林が切れ、展望が開けて、隠居倉から延びる尾根に乗る。隠居倉山頂は展望がよく、那須岳の主稜線から少し西へ離れていて、茶臼岳から朝日岳、三本槍岳へ連なる那須岳の全容を望める。

尾根道を登りきると主稜線の縦走路に出会う。三本槍岳へは北へ向かう。広い尾根道で小さなピークを越えると、小さな盆地状の清水平を木道で横切る。最後の急登を登りきると**三本槍岳山頂❼**。ここも展望はよく、北側の飯豊連峰や磐梯山が手に取るようだ。

展望を堪能した後は来た道を戻り、**熊見曽根東端❺**を直進して朝日岳に登る。アルペン的な山容で、**山頂❾**近くは露岩だが、とくに

難しい箇所はなく、展望のよさも申し分ない。

峰ノ茶屋跡への下りは、尾根を最初は西側、次いで東側を巻いて続いている。クサリ場も現れるが、慎重に行動すれば大丈夫だ。

峰ノ茶屋跡❸から東へ、茶臼岳の山腹を巻いて下っていく。朝日岳や茶臼岳を左右に眺めながらの下山だ。やがて樹林帯に入って、階段状になった道を下ると、登山指導所、峠ノ茶屋がある。このかたわらを下る。ほどなく**ロープウェイ山麓駅❿**に帰り着ける。

💧 **水場**　紹介コース上に水場はないので、事前に用意すること。ロープウェイ山麓駅、山頂駅に売店がある。

🚻 **トイレ**　山中にトイレはない。ロープウェイ山麓駅、山頂駅を利用しよう。

●問合せ先
那須町観光商工課　☎0287-72-6918
那須町観光協会　☎0287-76-2619

167

40 縁結びの御神徳で知られる霊山

つくばさん
筑波山

標高	877m
歩行時間	4時間35分
最大標高差	666m
体力度	★☆☆
技術度	★☆☆

1/2.5万地形図	筑波

登山適期とコースの魅力

1月	2月	3月	4月	5月	6月	7月	8月	9月	10月	11月	12月
積雪期	残雪	新緑		梅雨			夏山		秋山	紅葉	晩秋

タチツボスミレ　ヒイラギソウ　シロヤシオ　　　ヤマユリ　　　サラシナショウマ
ツルキンバイ　　フモトスミレ　　アジサイ　　　　　アケボノソウ

展望　筑波山は標高は低いが展望に優れた山で、富士山が見える他、眼下には関東平野が広がる。
花　カタクリやアズマイチゲ、ニリンソウ、トウゴクミツバツツジなどが咲く。
紅葉　紅葉は例年11月上旬〜下旬だが、中旬頃が最も登山者が大多い。

🌸　気候が安定する春が最も登山に向いている。
☀　盛夏は暑く登山者の数は減る。
🍁　紅葉の時期には多くの登山者で混雑する。
❄　事前に天気予報を確認。2月にはアイゼンが必要なこともある。

山頂手前に建つコマ展望台のレストラン

アクセス

常磐自動車道土浦北IC —［国道125号・県道14号・42号線 21km］— 市営駐車場 — ［4時間35分］— 市営駐車場 — ［県道42号・14号線・国道125号 21km］— 常磐自動車道土浦北IC

常磐自動車道土浦北ICを利用するのが最もわかりやすい。ICから国道125号、県道14号線、42号線を走行して筑

波山の市営駐車場へ。市営の駐車場は3ヶ所ほどあり、合計で500台ほど駐車できるが、無料で駐車できるのは市営筑

波山麓筑波駐車場のみ。有料の市営駐車場は5時〜20時で普通車は500円。

平野にそびえる山は遠くからも眺められる

　関東平野の北部の山。日本百名山に選定されている山で、標高が1000mに満たないのは、筑波山と鹿児島県の開聞岳があるだけ。古来から信仰の対象とされ、万葉集にも詠われている。山頂部のブナ林など豊かな自然が残され、頂上からの展望にも優れて、登って楽しい名山といえる。

　筑波山神社入口❶周辺に点在する駐車場を利用して、まず**筑波山神社❷**に参拝する。その後、ケーブルカーの宮脇駅の右横にある鳥居をくぐる。ここが御幸ヶ原コースの登山口で、すぐに岩や木の根がむき出しになった道になり、長い階段が現れる。手ごわい急勾配

関東平野が眼下に広がる筑波山山頂。ただし、風の強い日には注意しよう

左：売店とレストランが併設されたコマ展望台。天気の悪い日にはありがたい存在となる。右：岩場の山頂に建つ祠

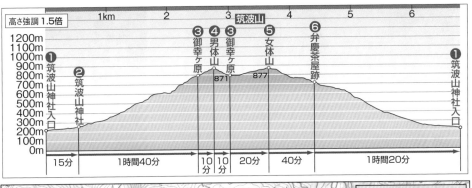

高さ強調 1.5倍

| | | | 筑波山 | | |
1km 2 3 4 5 6

1200m
1100m
1000m
900m
800m
700m
600m
500m
400m
300m
200m
100m
0m

① 筑波山神社入口
② 筑波山神社
③ 御幸ケ原
④ 男体山 871
③ 御幸ケ原
⑤ 女体山 877
⑥ 弁慶茶屋跡
① 筑波山神社入口

15分 | 1時間40分 | 10分 | 10分 | 20分 | 40分 | 1時間20分

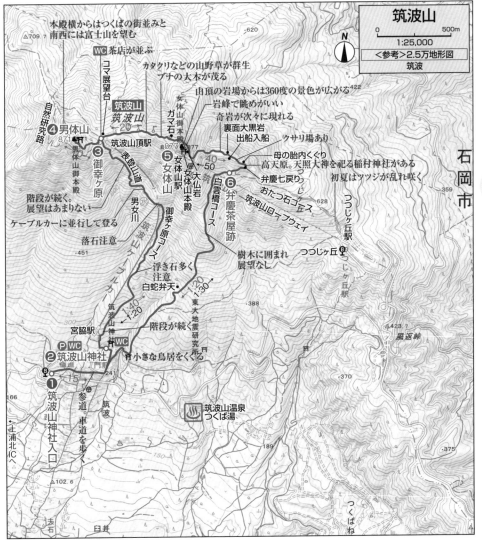

筑波山

0 ————— 500m
1:25000
<参考>2.5万地形図
筑波

本殿横からはつくばの街並みと
南西には富士山を望む

WC 茶店が並ぶ

カタクリなどの山野草が群生
ブナの大木が茂る

山頂の岩場からは360度の景色が広がる

岩峰で眺めがいい

奇岩が次々に現れる

裏面大黒岩

出船入船

クサリ場あり

母の胎内くぐり

高天原。天照大神を祀る稲村神社がある

初夏はツツジが乱れ咲く

コマ展望台

自然研究路

④ 男体山 871

男体山御本殿

③ 御幸ケ原

筑波山 筑波山

筑波山頂駅

⑤ 女体山

女体山御本殿

女体山駅

大仏岩

白雲橋コース

弁慶七戻り

おたつ石コース

筑波山ロープウェイ

つつじヶ丘駅

つつじヶ丘

階段が続く。
展望はあまりない

ケーブルカーに並行して登る

落石注意

浮き石多く
注意

白蛇弁天

東大地震研究所

樹木に囲まれ
展望なし

階段が続く

小さな鳥居をくぐる

宮脇駅

P WC

WC

② 筑波山神社

① 筑波山神社入口

土浦北ICへ

筑波山温泉
つくば湯

石岡市

臼井

つくばね

①晴天日の女体山山頂。関東平野が眼下に広がり、風のない日なら何時間でも過ごしたくなるはず。②稜線の縦走路は岩が絡む箇所が多いので、スニーカーではなく登山用の靴を履くこと。③出船入船。石の形から命名されたようだ。④弁慶七戻り。頭上の岩が落ちそうで、弁慶ですら7回戻ったことから命名。⑤適度な間隔で休憩スペースがある。⑥大仏岩。高さ15mの大きな岩だ。納得できる形状だ

の道は浮き石も多いので、足元に注意して登っていこう。落石注意の看板も数多くあり、岩場を登るときにはほかの登山者の動きにも気を配りたい。立ち休みを繰り返しながら、たびたび横を通り過ぎるケーブルカーを見送り、疲れただの、「まだ～?」だのと言いたい愚痴を我慢して辛抱強く登り続けると、男女川（なのがわ）に着く。

きつい勾配を登り
御幸ヶ原で一服

この先、勾配はますますきつくなる。同じように石段や階段登りが続くが、次第に段差が大きくなり、足を高く上げるだけでは間に合わず、ときには手足を使って進まなくてはならない。息が上がり、木々に囲まれてはいても日当たりはいいので、汗がにじんでくる。男体山山頂まで600mの看板のあたりからの、とくにきつい階段を登りきれば御幸ヶ原❸だ。ここは広い台地になっていて、ケーブルカー終点の筑波山頂駅を中心に、土産物店や茶店が建ち並んでいる。

ここから整備された階段を登ったところが男体山❹の山頂。決して広くはないが、展望台からは眼下に関東平野や霞ケ浦を望むほか、条件がよければ、遠く都心のビル群や富士山も眺められる。また、社務所で朱印帳の記帳もしてもらえ、筑波山登山のまたとない記念になる。山頂での時間を満喫したら、女体山へ向かおう。

いったん御幸ヶ原❸へ戻る。今回は休憩をとるまでもない。そこから美しいブナ林のなかを登っていくが、勾配はゆるやかで、ガマ石を過ぎてあっという間に女体山山頂❺に着く。この女体山の山頂が筑波山の最高点。眺めに男体山とさしたる違いはないが、こちらも素晴らしいのは確かだ。

連続する奇岩帯を
慎重に進む

女体山からは、登ってきた方向とは反対の、弁慶茶屋跡方面へ下りていく。大仏岩や裏面

⑦まっすぐに伸びた巨木の多い山。歩くとその大きさには驚かされる。⑧緑濃い山中に立つ巨木。こうした巨木に出会えるのも魅力の一つ。⑨母の胎内くぐり。⑩コース上には奇岩が多く、それだけでも歩いていて楽しいと思うはず。⑪筑波山神社。筑波山は3000年以上前から信仰されてきた山。筑波山神社は500年の歴史を誇っている

大黒岩、出船入船、母の胎内くぐりなど筑波山を特徴付ける、名前の付けられた奇岩が次から次へと現れる。想像をかき立てられる名前とそれぞれの岩を見比べながら進むと、意外に時間がかかることもある。岩の上を歩く急な下り道でもあるので、決して油断しないこと。ツルツルと滑る箇所ではとくに慎重に行動しよう。

　弁慶七戻りをくぐり、**弁慶茶屋跡❻**に着いたら、右手の白雲橋コースで筑波山神社を目指す。落葉樹林からスギの植林へと植生が変わっていく。その間は、かなりの急勾配に加えて、ところどころで岩の間を下りなければならない箇所もある。慎重に下って、小さな白蛇弁天を通り過ぎれば、歩きやすい道になる。いつしか民家の間を歩くようになれば、ほどなく筑波山神社の境内に飛び出す。ここに建つ立派な社殿は拝殿で、本殿は男体山、女体山のそれぞれ山頂に祀られた筑波男大神（伊弉諾尊）と筑波女大神（伊弉冉尊）。いずれにも参拝した今回の登山は、筑波山神社参

拝の登山ということもできる。安全に登山を終了できたことに感謝し、再び参拝して、家路につこう。

筑波山神社

霊峰の筑波山を御神体として仰ぐ筑波山信仰の歴史は古く、およそ3000年を有していると伝えられている。また、徳川家康が江戸城に入城した際に、東北に聳える筑波山を仰いで江戸城鎮護の霊山と崇めたとも伝えられている。

 水場　紹介コース上の男女川の源流は筑波山にあるが、生水での飲用には適さない。
トイレ　スタート地点の筑波山神社、筑波山ケーブルカー山頂駅、女体山駅にある。

●問合せ先
つくば市観光推進課 ☎029-883-1111
筑波山ケーブルカー ☎029-866-0611
筑波山ロープウェイつつじヶ丘駅 ☎029-866-0945

41 低山ながら断崖絶壁の迫力は圧巻

初・中級

標高	654m
歩行時間	2時間40分
最大標高差	450m
体力度	★☆☆
技術度	★★☆

1/2.5万地形図	大中宿

おくくじなんたいさん
奥久慈男体山

登山適期とコースの魅力

1月	2月	3月	4月	5月	6月	7月	8月	9月	10月	11月	12月
積雪期		初春	新緑		梅雨		夏山		秋山	紅葉	晩秋

スミレ ── ツツジ
ニリンソウ ── サクラ ── フデリンドウ ── ウチョウラン

展望 山頂に建つ男体神社奥ノ院裏手から眺める広がりのある関東平野の展望が素晴らしい。

花 4月から5月にかけてスミレやニリンソウ、ツツジを山中で観察することができる。

紅葉 登山道脇の木々はきれいに色づく。11月上旬〜11月中旬頃がいい。

🌸 登山道でヤマツツジやミツバツツジ、ヤマエンゴサクなどが見られる。

☀ 山頂は日当たりがいい。東屋で休憩しよう。

🍁 カエデやクヌギ、ナラなどが紅葉する。

❄ 山頂は冷えるので防寒対策は完璧に。

トイレが併設された立派な駐車場

アクセス

常磐自動車道 那珂IC ── 国道118号・県道 35km ── 奥久慈男体山登山口駐車場 ── 2時間40分 ── 奥久慈男体山登山口駐車場 ── 県道・国道118号 35km ── 常磐自動車道 那珂IC

常磐自動車道那珂ICから国道118号を北上。久慈川に沿って走るようになる。西金大橋を渡った先の湯沢入口で右折。そのまま道なりに走行して、大円地・奥久慈男体山方面に行く。山道を登り切ったら、左側の道を下る。その先すぐの分岐を右へ走れば男体山登山口無料駐車場に着く。トイレが併設された駐車場からは道標に従って歩く。

コースガイド
登りは健脚コースからアプローチしてみよう

男体山といえば日光男体山がよく知られているが、ここで紹介する奥久慈男体山は茨城県の名峰で、多くのファンがいる。しかし、アクセスが必ずしもいいとはいえないため、「いつかは」と憧れる存在になっているようだ。

男体山という名称通り、本格的な岩場歩きが体験できることから、夏の北アルプス縦走に備えての練習で訪れる人も多いらしい。標高は654mだが、山頂からの展望は雄大で、何度も訪れる登山者が多い。

この山には専用の登山口駐車場とトイレが併設されている。駐車場に着いたら、ひと息入れてスタートしよう。駐車場から車道を右

左：のどかな登山口周辺。右：一般コースと健脚コース分岐点

へ。すぐに右に入る道があるので、道標に従って簡易舗装された道を進む。男体山の山頂部分が見えるはずだ。右に建っているのは大円地山荘というそば・食事処で休日になると首都圏方面からも多くの人が訪れる人気店。宿泊もできるので、登山とセットで利用する人もいるらしい。

道なりに左方向へ。古い土蔵の前辺りから畑の間の道を進む。右下には清流が印象的な小さな川がある。駐車場から15分ほどで**分**

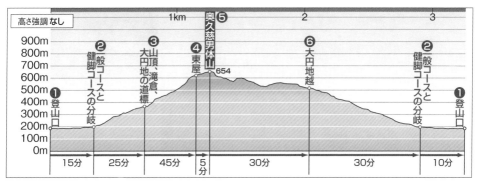

高さ強調 なし		1km	⑤		2		3

② 一般コースと健脚コースの分岐
③ 山頂、滝倉、大円地の道標
④ 東屋
⑤ 奥久慈男体山 654
⑥ 大円地越
② 一般コースと健脚コースの分岐
① 登山口
① 登山口

15分　25分　45分　5分　30分　30分　10分

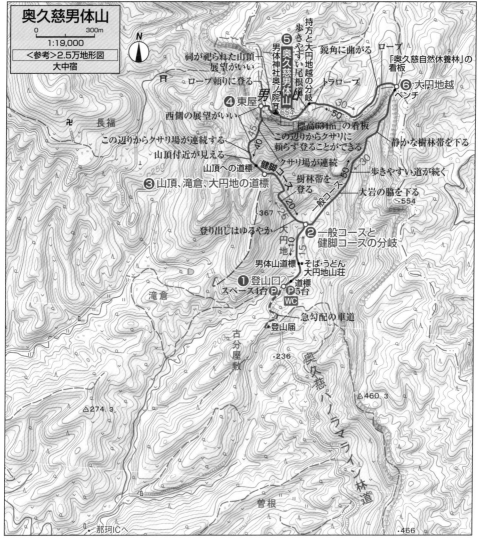

奥久慈男体山

0　　　300m
1:19,000
<参考>2.5万形図
大中宿

祠が祀られた山頂　展望がいい
ロープ頼りに登る
長福
④ 東屋　西側の展望がいい
この辺りからクサリ場が連続する
山頂付近が見える
山頂への道標
③ 山頂、滝倉、大円地の道標
登り出じはゆるやか
367
男体山道標　そば・うどん
大円地山荘
① 登山口　道標
スペース4台　P5台　P
WC
急勾配の車道
登山届
滝倉
236
古分屋敷
△274.3

男体神社奥ノ院
⑤ 奥久慈男体山
男　654
「標高654m」の看板
この辺りからクサリに頼らず登ることができる
健脚コース　クサリ場が連続
樹林帯を登る　一般コース
大円地
② 一般コースと健脚コースの分岐

持方と大円地越の分岐　歩きやすい尾根道
鋭角に曲がる　ロープ
トラロープ
「奥久慈自然休養林」の看板
⑥ 大円地越　ベンチ
静かな樹林帯を下る
歩きやすい道が続く
大岩の脇を下る　554

△460.3

奥久慈パノラマライン林道
曽根
那珂ICへ
.466

常磐道

奥久慈男体山

①山頂からの展望。低山ながら360度の大展望が自慢。②駐車場から大円地山荘の前を通って登山道に入る。③登山口周辺から眺める奥久慈男体山山頂。登山意欲がそそられる眺めだ。④健脚コースはクサリや岩場が連続する。気持ちを引き締め山頂まで頑張ろう。岩場の足元は意外に安定しているが、雨上がり時には注意が必要。⑤健脚コースの最後は垂直に近い岩場に垂らされたクサリを頼ることになる。ここを登り切れば山頂下の東屋に着く

岐❷に着く。右が一般コースで、左がクサリ場や岩場が続く健脚コースだ。今までにクサリ場や岩場を経験したことのある人なら健脚コースを選択してみよう。山頂からは一般コースを下ればいい。ここで、一般コースを選択した人は必ずピストンすること。

岩場登りを楽しみながら
慎重にクリアしよう

　一般コースと健脚コースが分岐する地点から健脚コースに入るのだが、分岐に立つ説明看板を一読して、無理だと思ったら一般コースを選択すること。この健脚コースは引き返すにはリスクが多いからだ。

　すぐに林のなかを登るようになる。若干岩混じりの道だ。踏み跡をたどるような箇所もあるので、緊張感を持って進むこと。また、枝に方向を示すテープが巻かれているので、見落とさないように。

　まっすぐに伸びる木々がきれいな森に入ると、最初のクサリ場に着く。ここはクサリを

使わなくてもクリアできる。その後は針葉樹の森を登るようになる。緑が濃いエリアだ。勾配はそれほどきつくないので、安心して進む。25分ほど進むと、左から登山道が合流してくる。滝倉方面からの道だ。この合流地点に滝倉、男体山、大円地の3本の道標❸がある。この先クサリが連続するので、ひと休みしよう。ただし体を冷やさないように。

　スタートするとすぐにロープとクサリが張られた斜面を登るようになる。クサリを軽く持ってリラックスしながら進むこと。その後もクサリが張られた岩場を登るのだが、ほとんど頼らずにクリアできるはず。

　斜面から小さな尾根に乗る手前は土の道が続く。岩場に垂直に垂らされたクサリは、ガイド代わりに軽く持ち、三点確保の姿勢を保ちながら登ればすんなりクリアできる。ここを登れば展望が開け、周辺の山々が見えてくる。前方には奥久慈男体山の山頂が広がっている。

　山頂方面へ少し下って林を進む。すぐに岩

174

⑥山頂からの展望は360度だが、風が強い日には要注意。⑦山頂下の東屋。ここでゆっくりお弁当を広げよう。⑧山頂に建つ男体神社奥ノ院。この周りが絶景ポイント

袋田の滝

奥久慈男体山と同じ大子町にある高さ120m、幅73mの大きさを誇る名瀑。滝の流れが大岩壁を四段に落下することから、別名「四度の滝」とも呼ばれる人気の観光スポットだ。

水場 登山口駐車場を含めて山域のコース上に水場はない。自販機もないので、途中のパーキングやコンビニなどで購入しておくこと。
トイレ 登山口駐車場にトイレはあるが、コース上にはない。
●問合せ先
大子町観光協会 ☎0295-72-0285
大子町観光商工課 ☎0295-72-1138
大円地山荘 ☎0295-74-0370

壁に垂らされたクサリ取付点に着く。ここから山頂下の東屋までクサリが続くが、基本的には頼らずに登ることができる。それでも不安なら、軽く片手に持って登ってみよう。

後方には日光方面の山並みが広がっている。絶景だ。足場の安定した箇所で休憩を兼ねて展望を楽しもう。

岩場の左側、土の部分を登るようになると**東屋④**のある山頂下の広場に着く。この東屋は屋根があるだけだが、日差しの強い日にはありがたい存在だ。東屋の一段上が**奥久慈男体山⑤**の山頂になる。休憩やランチは東屋で済ませる人が多い。

下山はゆったりとした
気分で一般道を下る

山頂で十分に展望を楽しんだら、一般コースを下山しよう。パラボラアンテナが建つ手前から下山道を下る。樹林帯に延びる道で歩きやすい。途中に「標高634m」の看板が立っている。東京スカイツリーと同じ高さとい

うことらしい。下方を眺めると、山頂からのものと遜色がないので、改めて東京スカイツリーの高度感に驚かされるはずだ。

トラロープが張られた箇所がある。勾配ということよりもガレていることへの注意喚起だ。こういう箇所は意外に危険なので、ゆっくり慎重にクリアしよう。振り返ると山頂のパラボラアンテナが見える。持方と大円地の分岐は大円地越方面へ。柔らかい土の感触が心地いい下りだ。スピードがでてしまうので、トレッキングポールを持っていたら、ガイド代わりに使うといい。

道が急に右に曲がる地点が休憩ポイント。この辺りで山頂風景とお別れ。ロープの張られた岩場から樹林帯を下る。すぐに**大円地越⑥**だ。ここから少し下り勾配が強くなるので、スピードには要注意。大きな岩が転がる斜面をジグザグに下り、男体山の道標が立つ地点を過ぎると、往路に通った**一般コースと健脚コースの分岐②**に着く。ここで周回ルートが終わったことになる。

本文執筆・写真

中田 真二（なかた しんじ）

長野県松本市出身。山好きの父と叔父の影響で幼少期から山遊びに明け暮れる。高校・大学と山岳部で、山と部室の往復で過ごす。大学卒業後は出版社に編集者として勤務。在籍中に訪れたヨーロッパアルプスに魅せられ退職。数年の間ヨーロッパ、ニュージーランド、北アメリカの山を巡る。帰国後、登山ライターとして活動、現在に至る。登山初心者の相談にも応じている。

問い合わせはgoofy0121jp@outlook.jpへ。

カバー写真／中田真二
カバー・表紙・総扉デザイン／松倉 浩
編集協力／エスティーエフ
地図制作／株式会社千秋社
DTP／株式会社千秋社

■本書に掲載した地図は、DAN杉本氏制作のカシミール3Dで「スーパー地形セット」と国土地理院の「地理院地図」を使用して制作しています。https://www.kashmir3d.com/
■本書の内容は2024年4月制作時のものです。交通機関、店舗等の営業形態や対応が予告なく大きく変わる可能性があります。また火山活動や集中豪雨などの自然災害による現地状況の変化の可能性もあります。必ず事前に各種情報と現地の情報をご確認の上でお出かけください。

ブルーガイド　山旅（やまたび）ブックス

クルマで行く日帰り山（いひがえやま）あるき　関東周辺（かんとうしゅうへん）

2024年7月16日　初版第1刷発行

著　者　中田真二
発行者　岩野裕一
発行所　株式会社実業之日本社
　　　　〒107-0062 東京都港区南青山6-6-22 emergence 2
　　　　☎(編集)03-6809-0473 (販売)03-6809-0495
　　　　https://www.j-n.co.jp/

印刷・製本　TOPPANクロレ株式会社